BestMasters

Mit **„BestMasters"** zeichnet Springer die besten Masterarbeiten aus, die an renommierten Hochschulen in Deutschland, Österreich und der Schweiz entstanden sind. Die mit Höchstnote ausgezeichneten Arbeiten wurden durch Gutachter zur Veröffentlichung empfohlen und behandeln aktuelle Themen aus unterschiedlichen Fachgebieten der Naturwissenschaften, Psychologie, Sozialwissenschaften, Technik und Wirtschaftswissenschaften. Die Reihe wendet sich an Praktiker und Wissenschaftler gleichermaßen und soll insbesondere auch Nachwuchswissenschaftlern Orientierung geben.

Springer awards **"BestMasters"** to the best master's theses which have been completed at renowned Universities in Germany, Austria, and Switzerland. The studies received highest marks and were recommended for publication by supervisors. They address current issues from various fields of research in natural sciences, psychology, social sciences, technology, and economics. The series addresses practitioners as well as scientists and, in particular, offers guidance for early stage researchers.

Tobias Marcel König

Künstliche Intelligenz in der Bankenbranche

Einsatzmöglichkeiten, Chancen und Risiken

Springer Gabler

Tobias Marcel König
Wirtschaftswissenschaften
Hochschule für Technik und Wirtschaft
in Saarbrücken
Saarbrücken, Deutschland

ISSN 2625-3577 ISSN 2625-3615 (electronic)
BestMasters
ISBN 978-3-658-50827-2 ISBN 978-3-658-50828-9 (eBook)
https://doi.org/10.1007/978-3-658-50828-9

Die Deutsche Nationalbibliothek verzeichnet diese Publikation in der Deutschen Nationalbibliografie; detaillierte bibliografische Daten sind im Internet über https://portal.dnb.de abrufbar.

Planung/Lektorat: Karina Kowatsch
Springer Gabler ist ein Imprint der eingetragenen Gesellschaft Springer Fachmedien Wiesbaden GmbH und ist ein Teil von Springer Nature.
Die Anschrift der Gesellschaft ist: Abraham-Lincoln-Str. 46, 65189 Wiesbaden, Germany

Gender-Disclaimer

Die in der vorliegenden Arbeit gewählte männliche Form bezieht sich immer zugleich auf weibliche und männliche Personen. Anderweitige Geschlechteridentitäten werden dabei ausdrücklich mitgemeint, soweit es für die Aussage erforderlich ist.

Inhaltsverzeichnis

Symbol- und Abkürzungsverzeichnis

AGB	Allgemeine Geschäftsbedingungen
AI	Artificial Intelligence
AIT	Austrian Institute of Technology
API	Application Programming Interface
AR	Augmented Reality
ARPA	Advanced Research Projects Agency
AWS	Amazon Web Services
B2B	Business-to-Business
B2C	Business-to-Consumer
BaFin	Bundesanstalt für Finanzdienstleistungsaufsicht
BCBS	The Basel Committee on Banking Supervision
BDAI	Big Data Artificial Intelligence
BI	Business Intelligence
BITKOM	Bundesverband Informationswirtschaft, Telekommunikation und neue Medien e. V.
BIZ	Bank für Internationalen Zahlungsausgleich
BMVIT	Bundesministerium für Verkehr, Innovation und Technologie
BMW	Bayrische Motoren Werke
BMWi	Bundesministerium für Wirtschaft und Klimaschutz
C2C	Car2Car
CAWI	Computer Assisted Web Interview
CEM	Costumer Experience Management
CEO	Chief Executive Officer
CIO	Chief Information Officer

CLV	Costumer Lifetime Value
CNN	Convolutional Neural Networks
CPS	Cyber-Physische Systeme
CRM	Costumer Relationship Management
CTO	Chief Technology Officer
CX	Costumer Experience
DACH	Deutschland (D), Österreich (A), Schweiz (CH)
DAX	Deutscher Aktienindex
DBM	Database Marketing
DFKI	Deutsches Forschungszentrum für Künstliche Intelligenz
DL	Distributed Ledger
DLT	Distributed Ledger Technologie
DSGVO	Datenschutzgrundverordnung
DuD	Datenschutz und Datensicherheit
DVD	Digital Versatile Disc
eCRM	Electronic Customer Relationship Management
EIU	Economist Intelligence Unit
E-Mail	Electronic Mail
ERP	Enterprise Resource Planning
ESG	Environmental, Social and Governance
ETC	Exchange Traded Commodities
ETF	Exchange Traded Fund
FinTech	Financial Technologies
FIU	Financial Intelligence Unit
Gbit	Gigabit
GRC	Governance, Risk and Compliance
GuV	Gewinn- und Verlustrechnung
HDFS	Hadoop Distributed File System
HTML	Hypertext Markup Language
HTTP	Hypertext-Transfer-Protokoll
IaaS	Infrastructure as a Service
IBM	International Business Machines Corporation
IEEE	Institute of Electrical and Electronics Engineers
ifaa	Institut für angewandte Arbeitswissenschaft e. V.
iJIM	International Journal of Interactive Mobile Technologies
IoT	Internet of Things
IP	Internetprotokoll
IPv6	Internetprotokoll Version 6
IRPA	Intelligent Robotic Process Automation

IT	Informationstechnologie
IuK	Informations- und Kommunikationstechnologien
KI	Künstliche Intelligenz
KMU	Kleine und mittlere Unternehmen
KNN	Künstliche(n) Neuronale(n) Netze(s)
KPI	Key Performance Indicator
KWG	Kreditwesengesetz
KYC	Know Your Costumer
LAN	Local Area Network
MaRisk	Mindestanforderungen an das Risikomanagement
MiFID	Markets in Financial Instruments Directive
MIT	Massachusetts Institute of Technology
ML	Machine Learning
MR	Mixes Reality
NBO	Next Best Offer
NIST	National Institute of Standards and Technology
NLP	Natural Language Processing
NSFNET	National Science Foundation Network
o. S.	ohne Seitenangabe
OCR	Optical Character Recognition
OECD	Organisation for Economic Cooperation and Development
OLAP	Online Analytical Processing
OT	Operational Technology
PA	Prädiktive Analyse(n)
PaaS	Platform as a Service
PC	Personal Computer
PROKLA	Zeitschrift für kritische Sozialwissenschaft, vormals Probleme des Klassenkampfs
PSD2	Payment Service Directive 2
PVA	Personal Voice Assistants
PWC	PricewaterhouseCoopers
RPA	Robotic Process Automation
SaaS	Software as a Service
SEPA	Single Euro Payments Area
SLA	Service Level Agreement
T2S	TARGET2-Securities
UI	User Interface
UMTS	Universal Mobile Telecommunications System
URL	Uniform Resource Locator

USA	United States of America
UX	User Experience
VDMA	Verband Deutscher Maschinen- und Anlagenbau
VIEW	Virtual Interface Evironment
VPN	Virtual Private Network
VR	Virtual Reality
VUCA	Volatility, Uncertainty, Complexity, Ambiguity
WiSt	Wirtschaftswissenschaftliches Studium
WLAN	Wireless Local Area Network
WWW	World Wide Web
XML	Extensible-Markup-Language
ZfCM	Zeitschrift für Controlling und Management
ZfgK	Zeitschrift für das gesamte Kreditwesen
ZVWEI	Zentralverband Elektrotechnik- und Elektroindustrie e. V.

Abbildungsverzeichnis

1 Einleitung

„KI ist so grundlegend. Wir sind an einem Punkt angelangt…, dass sich Möglichkeiten für einfach unglaubliche Dinge eröffnen. Und es wird von hier an nur noch besser werden. Wir alle müssen sichergehen, dass wir KI zum Wohle der Menschheit nutzen und nicht umgekehrt. – Tim Cook.“[1]

Die künstliche Intelligenz (KI) als Schlüsseltechnologie des 21. Jahrhunderts hat in den vergangenen Jahren viele Branchen revolutioniert und nicht nur gezeigt, dass mit ihr Produktivitätssteigerungen erreicht, das Kundenerlebnis gesteigert, Kosten eingespart und die Produkt- und Lebensqualität verbessert werden kann, sondern als Querschnittstechnologie hat KI auch bewiesen, dass sie ein tiefgreifendes Transformationspotenzial besitzt, die Funktionsweise der Wirtschaft und Arbeitswelt grundlegend zu verändern.[2]

Welche Relevanz die Künstliche Intelligenz in der Bankenbranche spielt und welche Einsatzmöglichkeiten, Chancen und Risiken mit ihr einhergehen, wird in der vorliegenden theoretischen Arbeit untersucht. Die Erarbeitung theoretisch fundierter Kenntnisse soll hierbei zu einem grundlegenden Verständnis des Themas führen und dazu beitragen, dass praktische Problemstellungen nicht nur einfacher analysiert, sondern gleichzeitig auch leichter in Lösungen transformiert werden können. Zielführend soll in dem Zusammenhang die Aufarbeitung der

---

[1] COOK (2017), o. S. In einem exklusiven Interview mit MIT Technology Review spricht der CEO von Apple über Künstliche Intelligenz in iPhones und warum er nicht über die Zukunft sprechen möchte.

[2] Vgl. WIRTZ/WEYERER (2019), S. 5; BREINICH-SCHILLY (2022), S. 59. Vgl. hierzu ferner auch DFKI (2017), S. 8.

T. M. König, *Künstliche Intelligenz in der Bankenbranche*, BestMasters,
https://doi.org/10.1007/978-3-658-50828-9_1

zurzeit bestehenden Literatur sein, da dadurch nicht nur ein aktueller Beitrag zum Thema geleistet, sondern zugleich auch eine Basis für zukünftige Praxisarbeiten geschaffen wird. Weiterhin sollen die Erkenntnisse dieser Arbeit auch einen wichtigen Beitrag zur aktuellen Forschung leisten und die (Weiter-) Entwicklung von Konzepten unterstützen. Da es sich hierbei um eine rein theoretische Arbeit handelt, spielt ein Arbeitgeber bzw. ein betrieblicher Betreuer keine Rolle.

1.1 Problemstellung und Zielsetzung

Wie das Zitat von TIM COOK, dem CEO von Apple, zu erkennen gibt, ist KI kein technischer Trendbegriff mehr, sondern vielmehr eine Technologie, die auf dem Weg ist, die Gesellschaft und Wirtschaft nachhaltig zu verändern.[3] Auch wenn das Konzept der KI bis in die 1950er Jahre zurückverfolgt werden kann[4], hat das Thema erst in jüngster Zeit einen Bedeutungszuwachs in Wirtschaft und Gesellschaft erfahren.[5] Hierbei ist insbesondere der technische Fortschritt maßgeblich dafür verantwortlich, dass die innovative Technologie vermehrten Einzug in die betriebswirtschaftliche Forschung und Praxis findet. So können z. B. KI-gestützte Data-Mining Anwendungen, Wissenschaftler bei der Hypothesenfindung und Modellbildung unterstützen, wie auch die Effizienz von Forschungsaktivitäten steigern, indem Daten aus unterschiedlichen Quellen bzw. Datenbanken extrahiert und korreliert werden.[6] Auch erlaubt die Querschnittstechnologie Analysen, die bislang nicht möglich bzw. technisch nur schwer umsetzbar waren. Die Medizin oder auch die Klimaforschung profitiert so bereits heute von der Möglichkeit, Muster in großen Datenmengen zu erkennen und Vorhersagen wie z. B. die Prognose von Epidemien zu treffen.

Im Feld der betriebswirtschaftlichen Praxis findet KI unter anderem im Bereich der Robotik, dem Cloud Computing, der Sensorik, dem Internet der Dinge und in der Prozessor- sowie Speichertechnologie Anwendung.[7] Für viele Unternehmen ergeben sich hieraus völlig neue Chancen für digitale Geschäftsmodelle und effizientere bzw. effektivere Prozesse. So können mit KI Daten erstmals nicht nur maschinenlesbar gespeichert, übertragen und verarbeitet, sondern zugleich auch inhaltlich analysiert und zur Entscheidungsunterstützung

[3] Vgl. DFKI (2017), S. 8.

[4] Vgl. DETTMANN/KOPECZ (2020), S. 4; HUMM et al. (2022), S. 13.

[5] Vgl. auch im Folgenden WIRTZ/WEYERER (2019a), S. 4.

[6] Vgl. auch im Folgenden GETHMANN et al. (2022), S. 9 f.

[7] Vgl. DFKI (2017), S. 8; WIRTZ/WEYERER (2019a), S. 4.

herangezogen werden.[8] Weiterhin können Prozesse durch KI-Anwendungen nachverfolgt (Monitoring) und automatisiert angepasst werden, sodass z. B. im Produktionssektor die Möglichkeit besteht, die Supply Chain zu optimieren und eine On-Demand-Produktion zu etablieren.[9]

Unweigerlich sind auch Banken zu einem Umdenken gezwungen, die sich seit der Finanzkrise im Jahr 2008 mit vielen neuen Herausforderungen beschäftigen müssen.[10] Stetig wachsende regulatorische Anforderungen, niedrige Erträge, Digitalisierungstrends, verändertes Kundenverhalten und zunehmender Wettbewerb durch neue Konkurrenten in Form von sog. FinTechs[11] oder BigTechs[12], stellen die bisherigen Strategien und Geschäftsmodelle vieler Banken und Finanzdienstleister in Frage und verlangen von ihnen effizientere Prozesse wie eine strategische Neuausrichtung.[13] Nicht zuletzt sind die neuen technologischen Entwicklungen dafür verantwortlich, dass innovative Unternehmen immer mehr Marktanteile gewinnen und sich Kundenpräferenzen allmählich verschieben.[14] Gerade bei den zunehmend jungen und internetaffinen Kundengruppen, den sog. „Digital Natives“[15], die mobile und internetbasierte Bezahlverfahren bevorzugen, gewinnen innovative Finanzdienstleister immer mehr an Bedeutung, sodass vor allem traditionelle Banken, die die digitale Transformation bisher verpasst haben, hinten anstehen müssen.[16] Für Banken ist es daher wichtig, die neuen Herausforderungen anzuerkennen und gleichzeitig nach passenden Lösungsansätzen zu suchen, um weiterhin wettbewerbsfähig zu bleiben.[17] In dem Zusammenhang glauben Experten, dass nur die KI in der Lage ist, den dazu notwendigen

---

[8] Vgl. DFKI (2017), S. 9; FRIEDRICH/HIESE/DREßLER/WOLFENSTETTER (2021), S. 49.

[9] Vgl. auch im Folgenden WIRTZ/WEYERER (2019a), S. 9.

[10] Vgl. auch im Folgenden JOAS/POPOVIĆ/BÄUMER (2019), S. 104 f.

[11] Vgl. FESIDIS/GUPTA (2021), S. 16.

[12] Vgl. JONIETZ/MESCH/PETERS (2020), S. 408; MARTIN (2019), S. 13; HASTENTEUFEL/HAGMANN (2020), S. 7.

[13] Vgl. BAFIN (2018a), S. 65; JONIETZ/MESCH/PETERS (2020), S. 397; FRIEDRICH/HIESE/DREßLER/WOLFENSTETTER (2021), S. 50; SCHMIDT (2021), S. 184.

[14] Vgl. GREWE/WEBER/WITTER (2016), S. 5. Vgl. hierzu ferner auch BAUER (2021), S. 56.

[15] Unter dem Begriff werden Personen verstanden, die die Sprache von Computern beherrschen, weil sie schon früh im Leben mit digitalen Aspekten in Berührung gekommen sind. Vgl. hierzu JOAS/POPOVIĆ/BÄUMER (2019), S. 107.

[16] Vgl. HÖLLERICH/FEHR (2019), S. 143; JOAS/POPOVIĆ/BÄUMER (2019), S. 103.

[17] Vgl. SCHMIDT (2021), S. 184.

Paradigmenwechsel in der Bankenbranche herbeizuführen.[18] So erwarten weltweite Bankenvorstände von der KI nicht nur positive Auswirkungen auf ihre Geschäftsmodelle, effizientere bzw. effektivere Prozesse, sondern auch neue Anwendungsfelder im Bereich der Automatisierung.[19]

Trotz der technologischen Fortschritte und der zunehmenden Verbreitung von KI-Anwendungen, steht die Entwicklung von KI noch in ihren Anfängen. Dieser Umstand zeigt sich auch im wissenschaftlichen Schrifttum, im welchem die vielfältigen Erscheinungsformen, Anwendungsbereiche und Potenziale von KI kaum bzw. nur isoliert voneinander betrachtet werden.[20]

Das grobe Ziel dieser Arbeit ist es daher, den aktuellen Forschungsstand zur KI herauszustellen und theoretisch fundierte Kenntnisse zu dem Thema durch die Analyse der zurzeit bestehenden Literatur zu liefern. Dadurch soll der Leser nicht nur ein grundlegendes Verständnis über KI erfahren, sondern zugleich auch das notwendige Wissen erlangen, um praxisrelevante Problemlösungen ableiten zu können.

Vor diesem Hintergrund besteht das Feinziel der Arbeit darin, dem Leser zu zeigen, wie KI in der Praxis eingesetzt werden kann. Hierzu soll am Beispiel des Bankensektors aufgezeigt werden, wie die Technologie von etablierten Banken derzeit genutzt werden kann, um die bestehenden Herausforderungen in der Branche zu bewältigen und wettbewerbsfähig zu bleiben. Da die Realisierung dieser Potenziale auch maßgeblich davon abhängt, ob Banken in Zukunft in der Lage sind, die vielfältigen Herausforderungen und Risiken im Zusammenhang mit der Implementierung und Nutzung von KI erfolgreich zu meistern, ist das weitere Ziel, diese zu analysieren und den Chancen gegenüberzustellen. Die daraus resultierenden Erkenntnisse sollen einen wichtigen Beitrag zur aktuellen Forschung leisten und die (Weiter-) Entwicklung von Konzepten unterstützen.

Aus den Zielen der Arbeit ergibt sich die folgende Forschungsfrage:

„Welche Einsatzmöglichkeiten und Chancen bietet die KI für Universalbanken, um die Herausforderungen des digitalen Zeitalters zu bestehen und welche Risiken sind bei der Implementierung dieser Technologie zu berücksichtigen?"

In der Umsetzung werden dabei folgende untergeordnete Fragen auf inhaltlicher Ebene untersucht:

---

[18] Vgl. BREINICH- SCHILLY (2022), S. 59.

[19] Vgl. FRIEDRICH/HIESE/DREßLER/WOLFENSTETTER (2021), S. 49.

[20] Vgl. WIRTZ/WEYERER (2019a), S. 5. Vgl. hierzu ferner auch MILLER (2021), S. 32.

- Mit welchen Herausforderungen werden Banken vor dem Hintergrund der Digitalisierung aktuell konfrontiert?
- Welche Gründe können für die aktuellen Durchbrüche in der KI herangetragen werden?
- Wie kann KI in der Bankenbranche eingesetzt werden, um die bestehenden Herausforderungen zu bewältigen und welche konkreten Chancen ergeben sich für eine Bank hieraus?
- Welchen Herausforderungen begegnen Banken bei der Einführung von KI-Systemen?
- Mit welchen Risiken müssen Banken nach der Implementierung von KI-Systemen umgehen können?

Zur Beantwortung der Forschungsfrage eine Methodik gewählt, die rein auf der Sekundärforschung beruht. Diese Forschungsmethodik greift auf bestehende Primärforschungsergebnisse zurück, wie sie am häufigsten in Grundlagenstudien zu finden sind oder sammelt Informationen aus bereits existierenden Quellen im Sinne eines sog. Desk Research.[21] In dieser Arbeit werden folglich bestehende Daten, Informationen, Analysen oder Ergebnisse genutzt, um neue Erkenntnisse zu gewinnen, anstatt eigene Daten durch direkte Untersuchungen zu erheben.

1.2 Gang der Untersuchung

Die Ausführungen der vorliegenden Arbeit behandeln nach den einleitenden Bemerkungen des 1. Kapitels zunächst die Problemstellung und Zielsetzung der Arbeit (Abschnitt 1.1.) wie auch den Gang der Untersuchung (Abschnitt 1.2.). Die theoretischen Grundlagen der Digitalisierung werden in dem darauffolgenden Kapitel (Kapitel 2) behandelt. Hierzu wird in einem ersten Schritt der Begriff Digitalisierung definiert (Abschnitt 2.1.), ehe in Abschnitt 2.2. der geschichtliche Hintergrund der Digitalisierung näher beleuchtet wird. Die Schlüsseltechnologien der Digitalisierung wie auch weitere wichtige Begrifflichkeiten, werden anschließend in Abschnitt 2.3., wie auch in Abschnitt 2.4. behandelt. Kapitel 3 als weiteres theoretisches Kapitel betrachtet die theoretischen Grundlagen der KI. Zu dieser Zwecksetzung wird in Abschnitt 3.1. der Begriff der KI grundlegend definiert, während Abschnitt 3.2. heutige KI-Ansätze inhaltlich vorstellt. Daran anknüpfend werden in Abschnitt 3.3. Inhalte zum geschichtlichen Hintergrund der Technologie erläutert, ehe in Abschnitt 3.4. die verschiedenen Ebenen

[21] Vgl. KELLER (2010), S. 24.

der Leistungserbringung dargestellt werden. Aufbauend auf den theoretischen Grundlagen werden in Kapitel 4 die Herausforderungen der Bankenbranche im Zeitalter der Digitalisierung analysiert und hierzu die Unterkapitel Kundenverhalten und -erwartungen im Wandel (Abschnitt 4.1.), Herausforderungen durch neue Wettbewerber (Abschnitt 4.2.) und zunehmende regulatorische Anforderungen (Abschnitt 4.3.) inhaltlich durchdrungen. Kapitel 5 als Analyseteil der Arbeit betrachtet hingegen KI im Kontext der Bankenbranche und zeigt zunächst Gründe für die aktuellen Durchbrüche in der KI auf (Abschnitt 5.1.). Im Anschluss daran soll in Abschnitt 5.2. im Sinne eines Status Quo aufgezeigt werden, welche Einsatzmöglichkeiten und Chancen (Abschnitt 5.2.1.) die KI für eine Bank bietet, um die bestehenden Herausforderungen der Branche zu bewältigen, wobei Abschnitt 5.2.2. die damit in Zusammenhang stehenden Risiken und Herausforderungen herausstellt. Kapitel 6 fasst die zentralen Erkenntnisse abschließend zusammen.

Digitalisierung 2

2.1 Definition

In aktuellen Diskussionen sowohl in der betriebswirtschaftlichen Forschung als auch in der betriebswirtschaftlichen Praxis erscheint der Begriff der Digitalisierung als omnipräsent.[1] In dem Zusammenhang genießt vor allem die Digitalisierung von Geschäftsmodellen im Kontext von Industrie 4.0[2] und des Internet der Dinge die größte thematische Aufmerksamkeit.[3] Obwohl die Digitalisierung somit in vielen Bereichen einen hohen Stellenwert genießt, lässt sich keine einheitliche terminologische Definition des Begriffs in der Literatur vorfinden.[4] Hierbei bewegt sich das Spektrum der definitorischen Ansätze von einer eher technisch orientierten Betrachtungsweise bis hin zu einer Sichtweise, die gesellschaftliche, ökonomische wie auch unternehmerische Implikationen berücksichtigt.[5] Rein technisch gesehen versteht man unter dem Begriff die Konvertierung analoger Signale, wie bspw. Bilder oder Textstrukturen, in eine

[1] Vgl. BECKER/PFLAUM (2019), S. 4.

[2] Vgl. hierzu Abschnitt 2.4.2.

[3] Vgl. BECKER/ULRICH/SCHMID/FEICHTINGER (2021), S. 264.

[4] Vgl. JÄGGI (2023), S. 2. Hierzu finden im Bereich der Wissenschaften wie auch in der unternehmerischen Praxis kontroverse Diskussionen über die begriffliche Bedeutung von Digitalisierung statt. Vgl. hierzu BECKER/PFLAUM (2019), S. 4.

[5] Vgl. BECKER/PFLAUM (2019), S. 7 ff.

T. M. König, *Künstliche Intelligenz in der Bankenbranche*, BestMasters,
https://doi.org/10.1007/978-3-658-50828-9_2

digitale Form.[6] Dadurch können Informationen weltweit verteilt, kostengünstig reproduziert, aber auch maschinell ausgewertet wie auch weiterverarbeitet werden.[7] Auch wenn sich diese rein technische Betrachtungsweise im Sinne einer binären Codierung in einer Vielzahl der bestehenden Definitionen wiederfindet[8], ist unter dem Begriff der Digitalisierung mehr als nur ein Kodierungsvorgang zu verstehen. Vielmehr inkludiert der Terminus auch einen gesellschaftlichen, kulturellen wie auch politischen Entwicklungsprozess, der durch die technologischen Fortschritte in der elektronischen Datenverarbeitung vorangetrieben wird.[9] Damit verbunden sind tiefgreifende Veränderungen auf allen Ebenen der Wirtschaft und Gesellschaft, welche Chancen aber auch völlig neue Herausforderungen mit sich bringen.[10] Wie KALINOWSKI und VERWAAYEN in dem Zusammenhang konstatieren, ist „Digitalisierung nicht nur die maschinelle Verarbeitung und Speicherung von Daten und die daraus resultierenden unbegrenzten Möglichkeiten, sondern Digitalisierung geht immer einher mit Veränderungen und vor allem Verantwortung."[11] So prägt die Digitalisierung nicht nur die Art und Weise, wie Menschen miteinander kommunizieren und interagieren, sondern auch die strategische Ausrichtung vieler Unternehmen am Markt.[12] In dem Zusammenhang gewinnen mobile Arbeitsweisen zunehmend an Bedeutung, während klassische Arbeitsmodelle mit Präsenzpflicht an allgemeinem Interesse verlieren.[13] Gleichwohl führt die Digitalisierung auch dazu, dass Netzwerkkooperationen, Partnerschaften wie auch die Fähigkeit, tragfähige Geschäftsmodelle zu entwickeln, für Unternehmen immer wichtiger werden, um in einer Welt, die von

[6] Vgl. HILL (2016), S. 243; KRÖHLING (2017), S. 24; HESS (2019), S. 18; JONIETZ/MESCH/PETERS (2020), S. 398; BASTAM/BICKER/WALF/NACHTWEI (2020), S. 237; HARWARDT (2020), S. 18; HENSELLEK (2020), S. 1191; BIEBER (2021), S. 234. Im Rahmen dieser Konvertierung wird in der Literatur oftmals auch von „Digitization" gesprochen. Vgl. hierzu GRIVAS/GRAF (2020), S. 145.

[7] Vgl. HARWARDT (2020), S. 18. Letzteres wird vor allem durch die Übersetzung analoger Vorgänge und Handlungen in eine maschinenlesbare Sprache ermöglicht. Vgl. hierzu HARWARDT (2020), S. 18.

[8] Vgl. BECKER/PFLAUM (2019), S. 7.

[9] Vgl. HENSELLEK (2020), S. 1191; BIEBER (2021), S. 234.

[10] Vgl. BMWi (2015), S. 3.

[11] KALINOWSKI/VERWAAYEN (2013), S. 495.

[12] Vgl. BMWi (2015), S. 4; HENSELLEK (2020), S. 1191.

[13] Vgl. auch im Folgenden BMWi (2015), S. 4.

zunehmender Volatilität, Komplexität und Unsicherheit geprägt ist, wettbewerbsfähig zu bleiben.[14] Digitalisierung ist folglich als ein ganzheitliches Konzept zu verstehen, welches zu „[...] tiefgreifenden Veränderungen etablierter Geschäftsmodelle und Managementansätze [...]“[15] führt und unser Leben, unsere Kultur wie auch Gesellschaft allmählich transformiert.[16] Es zeigt sich also, dass die historisch geprägten technischen Betrachtungsweisen der Digitalisierung z. B. in Form der binären Kodierung oftmals zu kurz greifen oder als wenig zweck- und zielorientiert erscheinen.[17] Aufgrund dessen wurde im Kompetenzzentrum „Geschäftsmodelle in der digitalen Welt“ eine Definition entwickelt, die den Begriff weiter fasst und ganzheitlich betrachtet: Digitalisierung ist demnach der Auslöser für „[...] die strategisch orientierte Transformation von Prozessen, Produkten, Dienstleistungen bis hin zur Transformation von kompletten Geschäftsmodellen unter Nutzung moderner Informations- und Kommunikationstechnologien (IuK) mit dem Ziel, nachhaltige Wertschöpfung effektiv und effizient zu gewährleisten.“[18] Diese Definition erscheint vor dem Hintergrund der aktuellen Diskussion über die Digitalisierung vor allem deshalb zweckdienlich, da nicht nur die mit ihr im Zusammenhang stehenden technologischen Neuerungen (IuK) inhaltlichen Einklang finden, sondern zugleich der dadurch in Verbindung stehende Transformationsprozess angesprochen wird. Gleichwohl werden die primären Objekte der Digitalisierung wie z. B. Geschäftsmodelle in die Begriffsbildung mit einbezogen und ein ökonomischer Zusammenhang durch das Setzen von Wertschöpfungszielen hergestellt.

---

[14] Das durch die Digitalisierung, Globalisierung und Dynamisierung der Märkte geprägte Unternehmensumfeld lässt sich mit dem amerikanischen Akronym VUCA (Volatility, Uncertainty, Complexity, Ambiguity) beschreiben. Vgl. hierzu DÖRR/ALBO/MONASTIRIDIS (2018), S. 39; DOYÉ (2020), S. 209; VON AU (2021), S. 231. Das Akronym VUCA fand hierbei vor mehr als 40 Jahren Niederschlag im amerikanischen Militärvokabular und anschließend Verwendung im sog. „Strategie-Sprech“. Vgl. hierzu EHMER- SCHOBER/EHMER/REGELE (2017), S. 669.

[15] PETRY (2016), S. 22.

[16] Vgl. OECD (2019), S. 3; JÄGGI (2023), S. 2.

[17] Vgl. BECKER/PFLAUM (2019), S. 9 f.

[18] BECKER/PFLAUM (2019), S. 9.

2.2 Geschichtlicher Hintergrund

Betrachtet man die Geschichte der Digitalisierung, so kann konstatiert werden, dass der Begriff nicht von der Technik eingeführt wurde, sondern seinen Ursprung im politischen Diskurs findet.[19] Genauer betrachtet, handelt es sich bei Digitalisierung um strukturelle Anpassungsprozesse, die aufgrund von allgemeinen Automatisierungstendenzen in Gesellschaft, Wirtschaft und Industrie unausweichlich wurden. Hierbei lieferte GOTTFRIED WILHELM LEIBNIZ den technischen Grundstein zur Digitalisierung, da es mit ihm erstmals möglich wurde, arabische Nummern in binäre Zeichenketten zu transformieren.[20] Frühe Anwendungen der Informationsübertragung fanden sich dabei in der Signaltechnik (Licht an/aus) für die Verwendung des sog. Morse Alphabets, welches vom amerikanischem Maler SAMUEL F.B. MORSE im Jahr 1835 erfunden wurde. Der sog. Morse-Code stellt hierbei ein Zeichencode dar, bei dem jedes Zeichen als eine Folge kurzer und langer Impulse (Punkt-Strich-Sequenz) dargestellt wird.[21] Dieser Code ermöglichte die telegrafische Übertragung von binären Signalen, welche erstmalig in den USA im Jahr 1844 innerhalb der sog. Morse-Telegraphielinie zwischen Washington und Baltimore (Entfernung 64 km) durchgeführt wurde. Interessant ist hierbei nicht nur, dass alle frühen Nachrichtennetze Telegraphennetze waren, sondern auch, dass die Erfindung des Telegraphen in den USA, Deutschland und England unabhängig voneinander erfolgte.[22] Federführend in Europa waren in dem Zusammenhang SAMUEL THOMAS SOEMMERING, welcher einen elektrochemischen Telegraph im Jahr 1809 entwickelte, PAUL SCHILLING VON CANSTATT, welcher einen magneto-elektrischen Zeigertelegraph im Jahr 1832 hervorbrachte, wie auch die Professoren CARL FRIEDRICH GAUSS und WILHELM WEBER, die in Göttingen im Jahr 1833 eine Telegraphenlinie vom Physikinstitut bis zum astronomischen Observatorium (1 km) herstellten.[23] Nach der Erfindung des Telegrafen begann sich die Technologie zu globalisieren. Das erste voll funktionsfähige transatlantische Telegraphenkabel wurde im Jahr 1866 fertiggestellt. Eine telegrafische Verbindung zwischen England und Indien folgte

[19] Vgl. auch im Folgenden MOCKENHAUPT (2021), S. 38.

[20] Vgl. auch im Folgenden VOGELSANG (2010), S. 7. So war es bspw. erstmals möglich die arabische Zahl 26 in die digitale Zeichenfolge „1 1 0 1 0“ zu decodieren.

[21] Vgl. auch im Folgenden NOCKER (2005), S. 254.

[22] Vgl. auch im Folgenden VOGELSANG (2010), S. 7.

[23] Vgl. auch im Folgenden STUMPERS (1984), S. 85. In dem Zusammenhang zeigte sich auch, dass ein binäres System weniger anfällig für Signalverluste ist und somit die Übertragungsqualität besser sichert. Die Folge davon war, dass das System des Morse Alphabets in einer überarbeiteten Variante zum Standard wurde. Vgl. hierzu VOGELSANG (2010), S. 7.

im Jahr 1872. Zwei Jahre später wurde dann auf Initiative der Brüder Siemens ein spezielles Schiff namens Faraday gebaut, welches in den folgenden 10 Jahren sechs transatlantische Kabel von hoher Qualität verlegte und somit eine weltweite Telegraphenkommunikation ermöglichte. 150 Jahre nach der Erfindung des Telegraphen zeigt sich, dass sich die Informations- und Kommunikationstechnologien rapide weiterentwickelt haben. Das Telefon wurde im Jahr 1861 vom deutschen Physiker PHILIPP REIS erstmalig präsentiert und die elektronische Datenverarbeitung eingeführt. Danach folgte der erste elektronische Rechner im Jahr 1946, der Mikroprozessor[24] im Jahr 1971 und vier Jahre später der erste sog. „Personal Computer".[25] Bereits zu diesem Zeitpunkt vermutete man, dass mit der rapiden Verbreitung der ersten PC's „[...] the way may indeed be open for a true revolution in how business is conducted in how people organize their personal affairs and perhaps even in how people think."[26] Unweigerlich hat die Entwicklung und Verbreitung des Internets diese Revolution vorangetrieben, da dadurch z. B. Nutzer erstmals die Möglichkeit hatten, auf mehrere Rechner zuzugreifen und deren Leistungen zu bündeln.[27] Betrachtet man vor diesem Hintergrund die Ursprünge des Internets, so kann konstatiert werden, dass dieses als Reaktion auf den sog. „Sputnik Schock" im Rahmen eines Programms „[...] zur Stärkung der Kooperation und Vernetzung von Forschungsprojekten des US-Verteidigungsministeriums [...]"[28] entstanden ist. Hierzu verfolgte das im Jahr 1958 gegründete Advanced Research Projects Agency (ARPA), welche dem US-Verteidigungsministerium angegliedert wurde, das vorrangige Ziel, die militärische und wirtschaftliche

[24] Hierbei bestand der sog. Intel 4004 aus 2300 Transistoren, während das komplexere Modell aus dem Jahr 1978 (Intel 8086-Mikroprozessor) bereits aus 20.000 Transistoren bestand. Man erkennt folglich, dass sich die Zahl der Transistoren innerhalb weniger Jahre mehr als verachtfacht hat. Vgl. hierzu BRINKSCHULTE/UNGERER (2010), S. 291.

[25] Der erste kommerzielle PC, der sog. Altair 8800, wurde von MITS Inc. im Jahr 1975 entwickelt. Der PC-Hype war in den folgenden Jahren so groß, dass im Jahr 1981 die PC-Verkaufszahlen in den USA einen Wert von 2,2 Milliarden Dollar erreichten. Vgl. hierzu TOONG/GUPTA (1982), S. 3.

[26] TOONG/GUPTA (1982), S. 3.

[27] Vgl. WEBER (2021), S. 44.

[28] LANG (2017), S. 9. Dieses Programm war eine von zwei Maßnahmen des damaligen US-amerikanischen Präsidenten DWIGHT D. EISENHOWER, um auf den „Sputnik-Schock" zu reagieren. Vgl. hierzu LANG (2017), S. 8. Vom „Sputnik Schock" wird gesprochen, weil die US-Amerikaner regelrecht „schockiert" darüber waren, als die damalige Sowjetunion am 4. Oktober 1957 den ersten Satelliten in die Erdumlaufbahn brachte und hiermit den technologischen Vorsprung gegenüber den USA kommunizierte. Vgl. hierzu BRAUN (2008), S. 15. Die Geschichte des Internets begann folglich im Jahr 1957 im Rahmen des sog. „Sputnik-Schocks". Vgl. hierzu LANG (2017), S. 8.

Nutzbarkeit von Forschung voranzutreiben.[29] Die dazu notwendige Kommunikationsstruktur, das sog. ARPANET[30] wurde wiederum vom Massachusetts Institute of Technology (MIT) und dem US-Verteidigungsministerium ab dem Jahr 1968 konzipiert. Das ARPANET fußte dabei auf dem Konzept der Paketvermittlung, welches zum Ziel hatte, längere Nachrichten in einzelne Datenpakete zu zerlegen und mit weiteren Informationen wie z. B. Herkunft, Ziel oder Klassifizierung des Pakets zu übermitteln.[31] Konkret wurde damit die Idee verfolgt, ein Kommunikationsnetzwerk zu gestalten, welches durch seine Redundanz besonders robust ist und die Kommunikationsfähigkeit in Katastrophenfällen (z. B. nuklearer Angriff) aufrechterhalten kann. Dem ARPANET folgte dann in den Mitten der 80er die „Backbone-Topologie" des Internets, welche vom NSFNET (National Science Foundation Network) eingeführt wurde und einen regionalen Zugriff auf sog. Supercomputer über das Backbone-Netzwerk ermöglichte.[32] Die eigentliche Basis für das, was wir heute als Internet bezeichnen, legte allerdings das sog. TCP/IP Protokoll, welches von den ARPANET-Entwickler ROBERT KAHN und VINTON CERF von 1971 bis 1973 konzipiert wurde und sich Jahre später als Internet-Standardprotokoll durchgesetzt hat.[33] Dieses Protokoll ist aufgrund seiner offenen Architektur und universellen Zugriffsmöglichkeit heute dafür verantwortlich, dass jeder Nutzer ohne administrative Beschränkungen auf das gesamte Netzwerk zugreifen kann. Um den Informationsaustausch in verschiedenen Netzwerken zu vereinfachen, entwickelte der britische Informatiker TIM BERNER- LEE das World Wide Web (WWW) und veröffentlichte dieses patentfrei im Jahr 1991 mit all seinen Komponenten wie das Hypertext-Transfer-Protokoll (HTTP), die Auszeichnungssprache HTML[34], einen ersten Webbrowser wie auch die erste Version eines Webservers. So konnten ab den 90er-Jahren Informationen erstmals miteinander verbunden (Hyperlinks) und über

[29] Vgl. auch im Folgenden LANG (2017), S. 9. Gleichzeitig sollte die Koordination wie auch die finanzielle Förderung der angewandten Forschung in akademischen und universitären Einrichtungen besser koordiniert wie auch stärker finanziell unterstützt werden. Vgl. hierzu BRAUN (2008), S. 15.

[30] Über das ARPANET waren ursprünglich vier Universitäten miteinander verbunden, die für das US-Verteidigungsministerium Forschung betrieben haben. Dazu gehörte die University of California, das Standford Research Institute, die University of California Santa Barbara und die University of Utah. Vgl. hierzu LANG (2017), S. 9.

[31] Vgl. auch im Folgenden LANG (2017), S. 9.

[32] Vgl. VOGELSANG (2010), S. 8.

[33] Vgl. auch im Folgenden LANG (2017), S. 10 ff.

[34] HTML ist eine Auszeichnungssprache, die eine einheitliche Strukturierung von Informationen auf einer Webseite ermöglicht. Vgl. hierzu LANG (2017), S. 13.

eine einheitliche Serveradressierung (URL) von anderen Webservern (mithilfe des HTTP-Protokolls) angefordert werden. Die grundlegende Infrastruktur, um auf das Internet zuzugreifen, stellten wiederum die ersten Betriebssysteme, die aufgrund ihrer Hardwarekompatibilität von mehreren Herstellern verwendet werden konnten. So wurden z. B. die ersten Heim-PCs von IBM mit den von Microsoft entwickelten Betriebssystem ausgestattet und der Zugang zum WWW ermöglicht. Parallel zur Verbreitung und Vernetzung des Internets, dem heutigen „Internet der Dienste und Daten", wurden ab den 1970er und 1980er Jahre physische Objekte wie etwa Maschinen oder Werkstücke durch den computerunterstützten Einsatz von Sensorik und Aktuatorik zu eingebetteten Systemen weiterentwickelt.[35] Mit der Vernetzung dieser Systeme (drahtlos, über das Intra- oder auch Internet) entstanden sog. Cyber-physische Systeme (CPS), die die Digitalisierung auch in der industriellen Produktion (bezeichnet als Industrie 4.0)[36] vorangetrieben haben. Weitere Treiber der Digitalisierung sind neben der stetig wachsenden Rechnerleistung, dem Aufkommen neuer Datenübertragungs- und Netzwerktechnologien und dem WWW sicherlich auch die Sozialen Medien, mobile Kommunikationstechnologien[37], das Cloud Computing[38], das Internet der Dinge[39] und Big-Data.[40] Es zeigt sich folglich der ubiquitäre Charakter digitaler Technik[41] insofern, dass mit „[…] der flächendeckend erfolgten Ausbreitung der Computernetze und der kommerziellen Nutzung des Internets durch breite Teile der Bevölkerung etwa zu Beginn der 2000er Jahre eine gesamtgesellschaftliche Bedeutung […]"[42] der Digitalisierung erstmals greifbar wurde. Autonome Einheiten (Roboter, Autos), intelligente Umgebungen (Smart Home, Smart City), persönliche Assistenzsysteme (Siri, Alexa, Cortana) oder auch Formen von Künstlicher Intelligenz, die das maschinelle Lernen unterstützen und eine algorithmische Entscheidungsfindung ermöglichen, sind nur einige der aktuellen Technologietrends, die dem Phänomen der Digitalisierung einen gesellschaftspolitischen Bedeutungsschub verleihen.[43] Insbesondere im parlamentarischen Raum haben hierzu „[…] neu oder temporär eingerichtete Gremien dazu beigetragen, Digitalisierung als

[35] Vgl. auch im Folgenden WEBER (2021), S. 44.

[36] Vgl. hierzu Abschnitt 2.4.2.

[37] Vgl. hierzu Abschnitt 2.3.1

[38] Vgl. hierzu Abschnitt 2.3.4.

[39] Vgl. hierzu Abschnitt 2.3.2.

[40] Vgl. hierzu Abschnitt 2.3.3.

[41] Vgl. JÄGGI (2023), S. 9.

[42] BIEBER (2021), S. 235.

[43] Vgl. BIEBER (2021), S. 236.

Prozess des gesellschaftlichen Wandels wahrzunehmen."[44] Während die Enquete-Kommission „Zukunft der Medien in Wirtschaft und Gesellschaft" (1996–1998) im Deutschen Bundestag primär technische, infrastrukturelle wie auch ökonomische Themenbereiche verfolgte, legte die Enquete-Kommission „Internet und Digitale Gesellschaft (2010–2013) bereits einen intensiveren Fokus auf digitale Themen wie z. B. das gesellschaftliche online-Nutzungs- oder Konsumverhalten. Hinzu kam die im Jahr 2018 eingerichtete Enquete-Kommission „Künstliche Intelligenz – Gesellschaftliche Verantwortung und wirtschaftliche, soziale und ökologische Potenziale", die die sozioökonomische Bedeutung neuer Technologietrends (wie z. B. von KI) untersucht und den politischen Diskurs im Kontext der Digitalisierung nochmals erweitert.[45] Digitalisierung ist folglich weniger eine Entwicklung, die zu disruptiven System- oder Strukturveränderungen führt, sondern sie ist vielmehr ein evolutionärer Entwicklungsprozess, der eine Anpassung an dynamische Kontextveränderungen ermöglicht.[46]

2.3 Schlüsseltechnologien der Digitalisierung

2.3.1 5G-Technologie

Mit dem Fortschreiten der Digitalisierung und der zunehmenden Vernetzung von Menschen, Maschinen und Anwendungssystemen werden Kommunikations- und Datennetze notwendig, die eine hohe Verfügbarkeit aufweisen und schnelle Datenübertragungsraten ermöglichen.[47] Hierbei können flexible und skalierbare Mobilfunklösungen dazu beitragen, diese Anforderungen zu erfüllen, da sie die technische Möglichkeit bieten, permanente Echtzeitdaten innerhalb eines ortsunabhängigen Kommunikationsnetzes zur Verfügung zu stellen. Betrachtet man vor diesem Hintergrund die historische Entwicklung dieser Mobilfunknetze, so kann man erkennen, dass die erste Mobilfunkgeneration vorerst nur über eine analoge Übertragungstechnik verfügte. Mit der Nachfolgegeneration, dem sog. 2G-Netz (2. Generation) kam dann ein digitales Kommunikationssystem auf den Markt, welches erstmals Sprach- und Datendienste zur Verfügung stellte. Das mobile Internet wurde wiederum mit dem UMTS (3G) möglich, welches durch die

[44] Bieber (2021), S. 238.

[45] Vgl. Bieber (2021), S. 238.

[46] Vgl. Bieber (2021), S. 237; Weber (2021), S. 46.

[47] Vgl. auch im Folgenden Freund et al. (2018), S. 90.

Nutzung sog. Breitbandnetze wesentlich höhere Datenübertragungsraten ermöglichte. Sein Nachfolger, das 4G-Netz, sorgte nochmals für eine signifikante Verbesserung der breitbandigen Datenkommunikation und „[…] reduzierte die Komplexität durch einen sogenannten all-IP-Ansatz, in welchem auch Sprache als IP-basierter Datendienst behandelt wird.“[48] Seit 2020 ermöglicht hingegen die 5G-Technologie ein Kommunikationsnetz, welches sich durch niedrige Fehlerraten und eine kurze Reaktionszeit charakterisiert.[49] Aufgrund der technischen Parameter des neuen Standards und der nochmals wesentlich höheren Übertragungsraten (bis zu 20 Gbits/s) haben z. B. mobile Endgeräte die Möglichkeit erlangt, breitbandige Videokonferenzen zu übertragen und Virtual- und Augmented-Reality-Anwendungen[50] zu verwenden.[51] Zusätzlich wird das 5G-Netz gerade auch im Bereich der Industrie 4.0[52] immer wichtiger, da es, wie Thomas Zemen (Principal Scientist am AIT Austrian Institute of Technology) und Andreas Müller (5G-Experte bei der Robert Bosch GmbH) auf dem IT-Kolloquium 2022 konstatieren das „ […] zentrale Nervensystem für die Digitalisierung von industriellen Prozessen […]“[53] darstellt und „[…] in der Fabrik der Zukunft ein bisher nicht gekanntes Maß an Flexibilität, Effizienz, Produktivität und Benutzerfreundlichkeit ermöglicht.“[54] Auch Anwendungen für autonomes und vernetztes Fahren profitieren von dem neuen Mobilfunkstandard, da das 5G-Netz eine sichere, zuverlässige und latenzarme Kommunikation zwischen den Fahrzeugen und den jeweiligen Hersteller-Backendsystemen ermöglicht.[55] Die Folge davon ist, dass 5G-Netze auch eine hohe Akzeptanz in der Automobilindustrie finden, da sie von nennenswerten Automobilherstellern wie Audi, BMW oder Daimler dazu genutzt werden, die C2C-Kommunikation zwischen den Fahrzeugen zu gewährleisten, innovative Geschäftsmodelle zu entwickeln und hohe Sicherheitsstandards zu erfüllen.[56] Mit dem 5G-Standard ist die Entwicklung der mobilen Kommunikationsnetze aber keineswegs an ein Ende gelangt. Vielmehr

[48] Freund et al. (2018), S. 90.

[49] Mecklenbräuker (2022), S. 587. Vgl. hierzu ferner auch Salahdine/Han/Zhang (2023), S. 528.

[50] Vgl. hierzu Abschnitt 2.3.6.

[51] Vgl. Hofmann (2022), S. 28.

[52] Vgl. hierzu Abschnitt 2.4.2.

[53] Zemen (2022), o. S.

[54] Müller (2022), o. S.

[55] Vgl. Freund et al. (2018), S. 395.

[56] Vgl. auch im Folgenden Hofmann (2022), S. 28 f.

hat die Frauenhofer-Gesellschaft im Projekt „6G-Sentinel“ bereits mit der Entwicklung des 6G-Netzes begonnen, welches ab dem Jahr 2030 im Rahmen von Pilotprojekten getestet werden soll. Hierbei wird mit dem neuen Kommunikationsstandard das Ziel verfolgt, Datenübertragungsraten von bis zu 1000 Gbits/s zu ermöglichen und zugleich die Zuverlässigkeit, Energieeffizienz wie auch Lokalisierungsgenauigkeit des Mobilfunknetzes zu steigern. Gleichzeitig wird erwartet, dass 6G „[...] den Trend zu mehr verbundenen Geräten, Sensoren und autonomen Fahr- und Flugzeugen [...] fortsetzt“[57], personalisierte Dienste (sog. Smart Services) durch die Zunahme an Daten ermöglicht und die Cloudifizierung vorantreibt.[58] Gleichwohl wird das 6G-Netz für eine hohe Dienstleistungsqualität sorgen, obwohl „[...] high data transfer with full connectivity will be performed with high speed where everything is connected and customized.”[59]

2.3.2 Das Internet der Dinge

Eine weitere technologische Grundlage im Kontext der Digitalisierung stellt das Internet der Dinge dar.[60] Hierbei handelt es sich um einen Verbund von physischen Objekten, die eingebettete Systeme (Embedded Systems) enthalten, „[...] welche über Sensoren ihre Umwelt erfassen, diese erfassten Daten auswerten und speichern, über das Internet kommunizieren und/oder über Aktuatoren auf die physikalische Welt einwirken können.“[61] Diese eingebetteten Systeme bestehen wiederum aus speziellen Hardware und Softwarekomponenten wie

[57] Baischew et al. (2021), S. 35.

[58] Vgl. Baischew et al. (2021), S. 39. Cloudifizierung bedeutet in dem Zusammenhang „[...] die Umstellung von Netzsystemen (Operational Technology, OT) auf softwarebasierte, cloudnative Funktionen und Lösungen, um von Skaleneffekten und bewährten Tools und Prozessen aus der IT und der Cloud zu profitieren.“ Baischew et al. (2021), S. 22.

[59] Salahdine/Han/Zhang (2023), S. 542.

[60] Der Begriff „Internet der Dinge“ geht auf Kevin Ashton vom MIT zurück, der die bekannte Formulierung „Internet of Things“ (IoT) im Jahr 1999 im Rahmen seines Vortrags hervorbrachte. Vgl. hierzu FABER (2019), S. 11. Nach Ashtons Auffassung müssten Computer in der Lage sein, Informationen unabhängig von Menschen beschaffen zu können. Weil der Mensch zu ungenau arbeite und begrenzt in seinen Kapazitäten wäre, ist Ashton der Meinung, dass diese Grundidee auf möglichst viele physische Objekte (z. B. Alltagsgegenstände) ausgeweitet werden müsste, um Verluste wie auch Kosten einzusparen. Vgl. hierzu Frauenhofer (2015), o. S. Im Folgenden wird der Begriff „Internet der Dinge“ mit „IoT“ abgekürzt.

[61] Hofmann (2022), S. 7. Im Sinne einer direkten Adressierbarkeit konnten mit der neuen Internetprotokollversion IPv6 erstmals einzelne CPS (z. B. eine einzelne Maschine) über die

auch aus mechanischen, mechatronischen und elektronischen Bauteilen, um die hierzu notwendigen Regelungs-, Steuerungs- und Datenverarbeitungsaufgaben zu prozessieren.[62] Zusätzlich bieten diese Systeme multimodale Schnittstellen (Mensch-Maschine-Schnittstellen), sodass Nutzer die Möglichkeit haben, z. B. über Sprache, Gesten, Ton oder manuelle Displayeingaben Funktionalitäten anstoßen.[63] So kann im Smart-Home-Bereich bspw. eine Markise automatisiert bedient werden, indem Sensoren, die zur der Entscheidung „Markise ein- oder ausfahren" notwendigen Parameter wie z. B. die Sonnen- oder Windstärke erfassen, analysieren und zur technischen Umsetzung an Aktuatoren weiterleiten.[64] Auch im Bereich der Energiewirtschaft bieten IoT-Anwendungen[65] innovative Services an. So kann der Stromverbrauch eines Kunden rund um die Uhr z. B. über intelligente Verbrauchszähler (sog. Smart Meter) an den Versorger übermittelt werden, sodass dieser ohne viel Aufwand (bspw. physisches Erfassen des Zählerstandes vor Ort) Zwischenabrechnungen für den Kunden erstellen, Tipps zum Sparen kommunizieren und den Strom je nach Bedarf abschalten kann.[66] Im Bereich der Gesundheitsvorsorge oder Rehabilitation eröffnet das IoT ebenfalls völlig neue Potenziale.[67] In dem Zusammenhang können Sensoren im oder am Körper lebenswichtige Körperfunktionen durch die Messung von Blutdruck, Puls, Atmung, Blutzucker etc. überwachen und im Falle eines kritischen Gesundheitszustands (z. B. Herzinfarkt) ein Notfallprozess auslösen. Denkbar ist hierbei auch, dass der individuelle Genesungsverlauf über eine App getrackt werden kann und über diese Anbindung dem Anwender Tipps zur Förderung der Genesung mitgeliefert werden können. Diese nicht abschließenden Beispiele zeigen, wie vielseitig einsetzbar IoT-Anwendungen sind und welches Potenzial sie heute und auch in Zukunft mit sich bringen.[68] Hierzu ist eine Studie von THE

Internetadresse nahezu in Echtzeit angesprochen werden. Vgl. hierzu HOFMANN (2022), S. 10.

[62] Vgl. HOFMANN (2022), S. 7.

[63] Vgl. BAUERNHANSL (2017), S. 12; HOFMANN (2022), S. 8.

[64] Vgl. auch im Folgenden HOFMANN (2022), S. 8.

[65] Eine IoT-Anwendung kann hierbei als eine Software beschrieben werden, „[...] die intelligente Services und Algorithmen bereitstellt, in der Regel in Kombination mit Benutzungsoberflächen für die Verarbeitung von Informationen aus den vernetzten Objekten, Personen, Systemen und Informationsressourcen zur Unterstützung von Organisationen und Menschen bei der Lösung eines relevanten Geschäftsproblems." SARFERAZ (2023), S. 425.

[66] Vgl. FABER (2019), S. 12.

[67] Vgl. auch im Folgenden FABER (2019), S. 13.

[68] Weitere IoT-Anwendungsfelder wie auch Informationen finden sich bspw. in GABRIEL/GAßNER/LANGE (2010), S. 8 ff.

ECONOMIST[69] bereits im Jahr 2017 zu dem folgenden Schluss gekommen: „The Internet of Things (IoT) is a key driver of the digital transformation that will enable businesses to reinvent products, services, internal operations and business models. As a result, the majority of executives surveyed by The Economist Intelligence Unit (EIU) for this report believe that following an IoT technology path is crucial to their long-term success."[70] Das IoT-Projekte das Potenzial mit sich bringen, bestehende Prozesse, Produkte und Services zu optimieren, interne Kosten zu senken und neue Geschäftsmodelle voranzutreiben, bestätigt zugleich eine aktuelle IoT-Studie der Projektpartner IDG Research Services, Plusserver, Device Insight und Telefónica aus dem Jahre 2022.[71] Demnach nutzen 29 % der befragten Unternehmen (n = 292) das IoT insbesondere dazu, neue Geschäftsmodelle, Produkte und Services zu entwickeln, während die Technologie vor allem im Bereich der Qualitätskontrolle (mit 50 % auf Platz eins bei den IoT-Anwendungsfällen) und der vernetzten Produktion (mit 15 % auf Platz zwei der IoT-Anwendungsfällen) Anwendung findet.[72] Darüber hinaus erhoffen sich 30 % der befragten Firmen durch IoT integrierte KI-Lösungen nicht nur qualitativ hochwertigere Produkte, sondern zugleich auch geringere Ausfallzeiten und eine höhere Kapazitätsauslastung.[73] Es zeigt sich folglich, das Firmen „[...] zunehmend das Potenzial des IoT für den Aufbau von neuen, datenbasierten Services

---

[69] Die Studie von THE ECONOMIST „The Internet of Things Business Index 2017" präsentiert, wie Unternehmen durch das IoT beeinflusst werden und mit welchen Veränderungen diese in Zukunft rechnen müssen. Hierzu befragte die Economist Intelligence Unit (EIU) im September 2016 insgesamt 825 Senior Business Leader (darunter 412 C-level Mitarbeiter oder Vorstände) aus aller Welt (30 % kamen aus Europa, 30 % aus Nordamerika, 30 % aus dem asiatisch-pazifischen Raum und die restlichen 10 % aus Lateinamerika, dem Nahen Osten und Afrika). Vgl. hierzu THE ECONOMIST (2017), S. 2.

[70] THE ECONOMIST (2017), S. 3.

[71] In dieser Studie wurden im Zeitraum vom 08. bis 17. September 2021 insgesamt 350 qualifizierte Interviews (CAWI) mit obersten (IT-)Verantwortlichen von Unternehmen aus der DACH-Region durchgeführt und diese zu dem Thema IoT befragt. Hierzu wurden Teilnehmerstichproben aus der IDG Business Media IT-Entscheider-Datenbank oder über Online-Access-Panel gezogen und persönliche Umfragelinks per E-Mail versendet. Vgl. hierzu COMPUTERWOCHE/CIO (2022), S. 56.

[72] Weitere Anwendungsfälle finden sich im Bereich der Logistik und Smart Connected Products. Vgl. hierzu MAUERER (2022), S. 38.

[73] Dabei sind 70 % der Umfrageteilnehmer sogar davon überzeugt, dass KI aufgrund des stetig wachsenden Datenaufkommens im IoT-Bereich immer wichtiger wird. Vgl. hierzu COMPUTERWOCHE/CIO (2022), S. 29.

erkennen und so die Basis für ihre langfristige Wettbewerbsfähigkeit schaffen."[74] Unweigerlich sind mit dem Trend aber auch einige Herausforderungen verbunden, die Unternehmen bei der Umsetzung von IoT-Projekten bewältigen müssen. So sehen 40 % der Unternehmen die Anpassung und Veränderung von Geschäftsprozessen als die am schwersten umsetzbare IoT-Anforderung, während 27 % der Firmen Probleme bei der Entwicklung eines entsprechenden Geschäftsmodells kommunizieren.[75] Gleichzeitig verlieren Sicherheitsthemen wie Datensicherheit und Datenintegrität zunehmend an Relevanz, während die Qualität vorliegender LAN und WLAN-Netze umfangreich bemängelt wird. Um diese organisatorischen wie auch technischen Herausforderungen zu bewältigen und vollumfänglich von der IoT-Technologie zu profitieren, sollten Unternehmen weiterhin in ihre IT-Infrastruktur investieren und fehlende IT-Kompetenzen aufbauen. Auch wenn kleinere Firmen „[…] zusehends die IoT-Lücke zu den mittleren und großen Unternehmen schließen"[76] sind vor allem Manager, Wissenschaftler wie auch politische Entscheidungsträger dazu angehalten, eine Situation zu vermeiden „[…] in der eine ausgewählte Gruppe von Digital Leadern die Vorteile der digitalen Transformation voll ausschöpft, während andere in einer Art „digitaler Todeszone" landen."[77]

2.3.3 Big Data

Neue technologische Entwicklungen oder Trends wie bspw. das IoT[78] oder Cloud Computing[79] führen unweigerlich zu einer ständig wachsenden Zahl weltweit verfügbarer Daten- und Informationen.[80] Würde man in dem Zusammenhang

---

[74] MAUERER (2022), S. 38.

[75] Vgl. auch im folgenden MAUERER (2022), S. 38.

[76] MAUERER (2022), S. 37.

[77] FAEMS (2022), S. 43.

[78] Vgl. hierzu Abschnitt 2.3.2.

[79] Vgl. hierzu Abschnitt 2.3.4.

[80] Vgl. HEUPEL/LANGE (2019), S. 205. Hierbei muss zwischen unternehmensinternen und unternehmensexternen Ursachen wie auch Quellen für den großen Datenzuwachst unterschieden werden. Zu den externen Treibern gehört z. B. das Internet, in welchem Anwender nicht nur als Konsument, sondern auch als Prosument agieren. Gleichzeitig sind öffentlich verfügbare Datenbanken (z. B. statistisches Bundesamt) oder auch Publikationsdatenbanken als externe Datenquellen zu klassifizieren. Cloud Computing oder das IoT sind hingegen als externe Datentreiber anzusehen. Vgl. hierzu GEORGOPOULOS/GEORG (2021), S. 11.

bspw. die für das Jahr 2025 prognostizierte weltweite Datenmenge (175 Zettabyte) auf einzelne DVDs brennen und aufeinanderstapeln, so könnte man damit die Erde 222-mal umspannen oder die Distanz von der Erde bis zum Mond 23-mal nachbilden.[81] Problematisch ist hierbei, dass „solche Massedaten vielfach zu komplex, zu unsortiert, schwer interpretierbar oder einfach nur zu umfangreich“[82] sind, sodass sie mit klassischen Datenanalyseverfahren nicht beherrschbar sind.[83] Hierbei unterstützt Big Data als umfassendes Konzept bei der „wirtschaftlich sinnvollen Gewinnung und Nutzung entscheidungsrelevanter Erkenntnisse aus qualitativ vielfältigen und unterschiedlich strukturieren Informationen, die einen schnellen Wandel unterliegen und in bisher ungekanntem Umfang zur Verfügung stehen.“[84] Auch wenn Big Data, wie das Wortbestandteil „Big“ erahnen lässt, anfänglich vor allem als Synonym für große digitale Datenmengen verwendet wurde[85], so umfasst das heutige Begriffsverständnis auch die damit in Zusammenhang stehenden Technologien, die einem Anwender dazu verhelfen, „die richtigen Informationen, dem richtigen Adressaten zur richtigen Zeit in der richtigen Menge am richtigen Ort und in der erforderlichen Qualität bereitzustellen.“[86] Man erkennt, dass es bei Big Data nicht nur um komplexe, unstrukturierte und schwer händelbare Datenmengen geht, sondern zugleich auch um technologische Lösungsansätze, die das Potenzial mitbringen, diese Fülle an Daten zielgerichtet zu erfassen, zu verarbeiten und zu analysieren.[87] Im Rahmen einer eher technischen Sichtweise aus der Informatik kann der Begriff zusätzlich über die sog. drei grundlegenden V, welche für „Volume“, Variety“ und „Velocity“ stehen, definiert werden.[88]

---

[81] Ein Zettabyte entspricht einer Mrd. Terabyte. Vgl. hierzu Lauterjung (2020), S. 258.

[82] Lauterjung (2020), S. 258.

[83] Vgl. Georgopoulos/Georg (2021), S. 9.

[84] Bitkom (2015), S. 13. Vgl. hierzu ferner auch El- Seoud et al. (2017), S. 38.

[85] Vgl. Volk/Staegemann/Turowski (2020), S. 1038.

[86] Schermann et al. (2014), S. 281.

[87] Vgl. Hänisch (2017), S. 11; Faber (2019), S. 21. In der Literatur wird Big Data auch als einer der Haupttrends der Digitalisierung bezeichnet. Vgl. hierzu Heupel/Lange (2019), S. 205.

[88] Vgl. Hänisch (2017), S. 11; Lauterjung (2020), S. 258 f. Dieses 3-V-Modell geht zurück auf den Datenanalysten Doug Laney (ehemaliger Mitarbeiter des weltweit führenden IT-Forschungs- und Beratungsunternehmen „Gartner“), der in seinem im Jahr 2001 verfassten Bericht „3D Data Management: Controlling Data Volume, Velocity, and Variety“ die Potenziale und Herausforderungen der 3V-Dimensionen erörtert. In den darauffolgenden Jahren wurden diese drei Eigenschaften dann im Zuge des weltweit ansteigenden Datenaufkommens vermehrt als Grundlage für den Big Data-Begriff genutzt. Heute gelten die 3V, so

Volume steht hierbei für das Volumen der Datenmenge, welches weltweit stetig zunimmt. So werden täglich neue Daten z. B. durch Menschen, Maschinen, Produktionsanlagen, Geschäftsprozesse, Produkte oder auch Dienste erzeugt, die über traditionelle Verfahren nicht mehr erfasst, analysiert oder verwaltet werden können.[89] Variety beschreibt hingegen den Inhalt, die Komplexität und die Struktur von Daten und berücksichtigt zugleich Faktoren wie die Datenherkunft, die verwendete Sprache, die zugrunde liegenden Einheiten oder auch verwendete Formatierungsregeln.[90] Hierbei kann in Bezug zur Datenstruktur zwischen strukturierten, semi-strukturierten und unstrukturierten Daten unterschieden werden.[91] Während strukturierte Daten ohne größeren Aufwand in sog. relationale Datenbanken[92] gespeichert, verwaltet und analysiert werden können, beinhalten semistrukturierte Daten Informationen über ihre zugrunde liegende Struktur und können über Austauschformate wie z. B. XML, verändert und erweitert werden.[93] Unstrukturierte Daten sind hingegen nicht mehr über klassische Methoden und Verfahren zu händeln, da sie aufgrund von programmspezifischen Formaten oder zusätzlichen Metainformationen unterschiedlich verarbeitet werden müssen.[94] Kombiniert man heterogen strukturierte Daten miteinander, indem man bspw. unternehmensinterne Daten und externe Daten[95] (bspw. aus sozialen Netzwerken) bestandsmäßig zusammenführt, so wird in der Literatur teilweise auch von

---

konstatieren VOLK, STAEGEMANN und TUROWSKI, zu den „[...] wohl wichtigsten Differenzierungsmerkmale, wenn es um die Betrachtung von datenintensiven Vorhaben geht.“ VOLK/STAEGEMANN/TUROWSKI (2020), S. 1040. Für mehr Informationen zu dem Unternehmen „Gartner“ siehe auch folgende Webseite: https://www.gartner.com/en/about

[89] Vgl. YANG (2017), S. 14; HEUPEL/LANGE (2019), S. 206. In dem Zusammenhang wird geschätzt, dass sich das weltweite Datenvolumen z. B. in Form von personalisierten Daten, Sensordaten, transaktionale Daten oder auch administrative Daten bis zum Jahr 2025 verzehnfachen wird. Vgl. hierzu KREUTER et al. (2018), S. 28.

[90] Vgl. LAUTERJUNG (2020), S. 258; VOLK/STAEGEMANN/TUROWSKI (2020), S. 1041.

[91] Vgl. BITKOM (2015), S. 14.

[92] Dieses relationale Datenmodell bietet die Möglichkeit, Informationen in zeilenbasierten Tabellen zu speichern und diese über Relationen in Beziehung zu setzen. Vgl. hierzu VOLK/STAEGEMANN/TUROWSKI (2020), S. 1040.

[93] Vgl. auch im Folgenden VOLK/STAEGEMANN/TUROWSKI (2020), S. 1041.

[94] GANDOMI und HAIDER ergänzen in dem Zusammenhang, dass Text-, Bild-, Audio- oder Videodaten oftmals eine organisierte Struktur fehlt, die von Maschinen benötigt wird, um sie zu analysieren. Vgl. hierzu GANDOMI/HAIDER (2015), S. 138.

[95] Im Rahmen von Datenanalysen ist zu beachten, dass externe Daten zu ungenauen Ergebnissen führen können, da die Quelle und der Wahrheitsgehalt nicht immer verlässlich sind. Vgl. hierzu BITKOM (2015), S. 14.

polystrukturierten Daten gesprochen.[96] Die dritte Kerneigenschaft von Big Data betrifft die „[…] rasant zunehmende Geschwindigkeit/Schnelllebigkeit (Velocity), mit der Daten erstellt, ausgewertet und weiterverarbeitet werden können.“[97] In dem Zusammenhang konstatieren GANDOMI und HAIDER, dass vor allem „die Verbreitung digitaler Geräte wie Smartphones und Sensoren zu einer nie dagewesenen Geschwindigkeit der Datenerstellung geführt haben und einen wachsenden Bedarf an Echtzeitanalysen und evidenzbasierter Planung erfordern.”[98] Insbesondere kundenspezifische Informationen (z. B. das bisherige Kaufverhalten), die aus verschiedenen digitalen Systemen stammen (z. B. mobilen Apps), können mithilfe von Echtzeitanalysen dazu verwendet werden, um personalisierte Angebote zu gestalten und in Echtzeit zur Verfügung zu stellen.[99] Während bei der sog. Stapelverarbeitung (Batch Processing) die zu verarbeitenden Eingangsdaten automatisiert, d. h. ohne Eingriff eines Benutzers vollständig in einer Sequenz abgearbeitet und anschließend z. B. in einer Datenbank oder Datei abgelegt werden[100], findet die Datenverarbeitung in Echtzeit kontinuierlich statt und somit nicht erst auf Anfrage.[101] Hierbei kommen zahlreiche Big Data Technologien, Frameworks und Architekturen zum Tragen, die eine massenhafte Prozessierung von Daten und eine Verarbeitung in Realzeit ermöglichen. Als technologisches Beispiel kann dabei das Software Framework Hadoop herangeführt werden, welches durch die non-profit Organisation Apache Software Foundation betreut und weiterentwickelt wird.[102] Als quelloffene, hochskalierbare Softwareplattform fokussiert Hadoop nicht nur die Stapelverarbeitung von großvolumigen

[96] Vgl. hierzu ferner auch BITKOM (2015), S. 14.

[97] HEUPEL/LANGE (2019), S. 206.

[98] “The proliferation of digital devices such as smartphones and sensors has led to an unprecedented rate of data creation and is driving a growing need for real-time analytics and evidence-based planning.” GANDOMI/HAIDER (2015), S. 138.

[99] Vgl. GANDOMI/HAIDER (2015), S. 138.

[100] Vgl. BITKOM (2014), S. 25.

[101] Werden bspw. zur Erstellung eines Reports Geschäftszahlen verwendet, die nur über Nacht verarbeitet werden, so spricht man in dem Zusammenhang von einer Stapelverarbeitung und keiner Echtzeitverarbeitung. Vgl. hierzu VOLK/STAEGEMANN/TUROWSKI (2020), S. 1041.

[102] Vgl. auch im Folgenden VOLK/STAEGEMANN/TUROWSKI (2020), S. 1044. Seine erste Version wurde im Jahr 2006 veröffentlicht. Siehe hierzu den ersten Hadoops Eintrag im Repository der Apache Foundation: https://archive.apache.org/dist/hadoop/core/.

Datenmengen und setzt damit das MapReduce[103] Paradigma um, sondern das Java-basierte Open-Source-Software-Framework ermöglicht zugleich die Echtzeitverarbeitung von Daten, die für interaktive Analysen benötigt werden (z. B. über die Datenverarbeitungs-Engine „Apache Spark“).[104]

Neben diesen drei Kerneigenschaften (Volume, Variety, Velocity)[105] haben sich im Zuge der Big Data Begriffsentstehung noch weitere herausgebildet. Hierzu zählt z. B. die Richtigkeit der Daten (Veracity) oder auch deren ökonomischer Wert bzw. wirtschaftlicher Nutzen (Value). Die Eigenschaft Veracity spielt insbesondere dann eine Rolle, wenn Daten aus unterschiedlichen Quellen stammen und diese zur Ableitung von Prognosen oder für unternehmerische Entscheidungen genutzt werden sollen. Hierbei ist es vor allem wichtig, dass die Qualität der Daten und somit auch deren Zuverlässigkeit über geeignete Analyseverfahren sichergestellt wird, da „nur auf der Grundlage von korrekten Daten nachvollziehbare und begründete Entscheidungen getroffen werden können“.[106] Hinzu kommt, dass semi- und unstrukturierte Daten in ihrer Reinform wenig Nutzenpotenzial entfalten, sodass vorgeschaltete Arbeitsschritte oder Analysen notwendig werden, um den Wert der Daten durch das Erkennen von neuen Trends oder Muster zu erhöhen.[107] Die Variabilität (Variability) bezieht sich hingegen auf Änderungen in einem Datensatz und den damit verbundenen Auswirkungen auf die Datenverarbeitung. So können Trends oder temporäre Ereignisse zu einer Änderung der Datenflussrate, der Datenstruktur oder auch des Datenvolumens führen und sich direkt auf existierende Architekturen, Schnittstellen, Prozesse oder Speicher auswirken.[108] Hierbei kann z. B. durch die dynamische Skalierung von virtualisierten Ressourcen der Variabilität von Datenvolumen entgegengesteuert werden, indem Spitzen in der Datenlast systemseitig effizient verteilt

---

[103] Hadoop MapReduce ist ein Framework für die parallele Verarbeitung großer Datenmengen. Es ermöglicht die effiziente Verarbeitung von massiven Datensätzen, indem es den Verarbeitungsprozess in zwei Phasen, das sog. Mapping (Map) und Reduzieren (Reduce) unterteilt. Mehr Informationen zu der konkreten Funktionsweise des MapReduce Frameworks finden sich u. a. in BEDI/JINDAL/GAUTAM (2014), o. S.; VERMA/MANSURI/JAIN (2016), S. 1; EL- SEOUD et al. (2017), S. 46; YANG (2017), S. 24; VOLK/STAEGEMANN/TUROWSKI (2020), S. 1044; GEORGOPOULOS/GEORG (2021), S. 17.

[104] Vgl. VERMA/MANSURI/JAIN (2016), S. 1 f. Vgl. hierzu ferner auch REKHA/PARVATHI (2015), S. 297.

[105] Vgl. REHKA/PARVATHI (2015), S. 297.

[106] HEUPEL/LANGE (2019), S. 206.

[107] Vgl. HÄNISCH (2017), S. 11; CHANG/GRADY (2019), S.12; VOLK/STAEGEMANN/TUROWSKI (2020), S. 1042.

[108] Vgl. auch im Folgenden CHANG/GRADY (2019), S. 12.

werden.[109] Während die bereits genannten Eigenschaften im Rahmen von Big Data eine umfassende Anerkennung finden, weil sie z. B. skalierbare Architekturen für datengetriebene Anwendungen vorantreiben[110], so „[…] wurden in zahlreichen weiteren Beiträgen, Studien und Berichten weitere Dateneigenschaften versucht zu etablieren, die jedoch weniger Verwendung finden.“[111] Zu diesen Eigenschaften zählt z. B. die Brauchbarkeit (Viability), die Volatilität (Volatility), die Art der Darstellung (Visualization) oder auch die Validität (Validity) von Daten.

2.3.4 Cloud Computing

In der Literatur wird vielfach von einem anhaltenden Paradigmenwechsel in der Informationstechnologie gesprochen[112], bei welchem es darum geht, „[…] IT-Ressourcen nicht mehr zu besitzen und selbst zu betreiben, sondern irgendwo in einem Kommunikationsnetz (oft im Internet) bereitgestellte IT-Kapazitäten bei Bedarf temporär zu nutzen – sprich als Dienstleistung bzw. Service zu beziehen.“[113] Vor diesem Hintergrund war es in der Vergangenheit üblich, Standardsoftwarelösungen (z. B. eine ERP-Software) nicht nur käuflich zu erwerben, sondern diese auch innerhalb der eigenen IT-Umgebung zu installieren und anschließend zu betreiben.[114] Hierbei konstatiert Barton, dass für ein solches Vorhaben „[…] Hardware beschafft, Betriebssystem, Datenbank und ERP-System installiert, die Netzwerkinfrastruktur angepasst und die Geschäftsprozesse des Unternehmens in dem ERP-System abgebildet [werden müssen; Anm. d. Verf.].“[115]. Darüber hinaus kann es vorkommen, dass Anpassungen im Quellcode der Software vorgenommen werden müssen, um spezifische Anforderungen zu erfüllen und eine Integration mit anderen Systemen zu gewährleisten. Man erkennt, dass eine solche lokale vor Ort Lösung mit beachtlichen Kosten verbunden ist, die nicht nur im Rahmen von Individualisierungsvorhaben oder des reinen Softwareerwerbs zum Tragen kommen, sondern denkbar sind

[109] Dies ist bspw. die Aufgabe von Cloud Computing. Vgl. hierzu Abschnitt 2.3.4.

[110] Vgl. Chang/Grady (2019), S. 10.

[111] Volk/Staegemann/Turowski (2020), S. 1042. Vgl. hierzu ferner auch Bedi/Jindal/Gautam (2014), o. S.; Rekha/Parvathi (2015), S. 297; Chang/Grady (2019), S. 9 f.

[112] Vgl. Heym/Montana/Elben (2012), S. 383.

[113] Münzl/Pauly/Reti (2015), S. 5.

[114] Vgl. auch im Folgenden Barton (2014), S. 42.

[115] Barton (2014), S. 42.

hierbei auch Kosten, die für die Aufrechterhaltung der Systeme (z. B. Strom, Wartung und Support) oder für administrative Tätigkeiten (z. B. Anwenderbetreuung) aufgewendet werden müssen. Dies bedeutet zugleich, dass bei Vorhaben, die die Entwicklung eigener Softwareanwendungen und den Betrieb selbst genutzter Rechenzentren betreffen, Vorabinvestitionen in die IT-Infrastruktur notwendig werden, die der Höhe nach schwer abschätzbar sind und sich wenn überhaupt erst über mehrere Jahre hinweg amortisieren.[116] Da dieser Umstand eine Hürde für viele Unternehmen darstellt, bietet Cloud „ein Ansatz um den allgegenwärtigen und bequemen On-Demand-Netzwerkzugriff auf einen gemeinsamen Pool konfigurierbarer Rechnerressourcen zu ermöglichen, die mit geringstem Managementaufwand oder Eingriff eines Serviceanbieters schnell bereitgestellt und freigegeben werden können."[117] Bei Cloud Computing geht es folglich nicht mehr darum, IT-spezifische Ressourcen, wie z. B. Rechen-, Speicher- und Netzkapazitäten selbst im Unternehmen zur Verfügung zu stellen, sondern diese über extern angebotene Services zu beziehen.[118] Nach dem sog. 3-Ebenenmodell können diese Cloud-Dienstleistungen drei verschiedenen Ebenen zugeordnet werden.[119] Auf der ersten Ebene, die als Infrastructure as a Service (IaaS) bezeichnet wird, kann der Cloud-Anwender auf skalierbare Rechen-, Speicher- oder Netzkapazitäten zugreifen, ohne hierzu physische Hardware besitzen oder warten zu müssen. Zusätzlich kann der Nutzer zwischen verschiedenen Betriebssystemen (z. B. Windows oder Linux Server) wählen und hierüber die virtuellen Systeme (die sog. Cloud Instances) sich selbst zuordnen wie auch nach der Nutzung wieder freigeben. Der Vorteil bei IaaS ist folglich, dass der Anwender je nach Bedarf auf die als Service angebotene IT-Infrastruktur zugreifen kann, um darüber z. B. Betriebssysteme oder Anwendung einsetzen und ausführen zu können. Die dazu notwendigen Hardware- oder Netzkapazitäten werden vom Provider zur

---

[116] Vgl. BRINKMANN/FETAI/SCHULDT (2016), S. 180.

[117] NIST (2011), S. 2.

[118] Vgl. BARTON (2014), S. 44. Der Begriff Cloud Computing wurde von NICHOLAS CARR geprägt, der in seinem im Jahr 2008 veröffentlichten Buch „The Big Switch" den durch „World Wide Computer" getriebenen IT-Wandel beschreibt. Dieser Wandel wurde von ERIC SCHMIDT, dem damaligen CTO von Sun bereits in den 1990er Jahren als „Computer in the Cloud" betitelt, sodass man ihn als Schöpfer des Cloud-Computing Begriffs bezeichnen kann. Vgl. hierzu MÜNZL/PAULY/RETI (2015), S. 5.

[119] Vgl. auch im Folgenden NIST (2011), S. 2 f.; BARTON (2014), S. 44 ff.; MÜNZL/PAULY/RETI (2015), S. 9 ff.; FAUSER et al. (2017). S. 72 f.; GEORGOPOULOS/GEORG (2021), S. 18.

Verfügung gestellt und können vom Cloud-Nutzer aufgrund vertraglich vereinbarter Service-Level-Agreements (SLAs)[120] jederzeit abgerufen werden.[121] Bei der zweiten Ebene, der Platform as a Service (PaaS)-Ebene, handelt es sich hingegen um eine standardisierte Entwicklungsplattform, die „[...] optimierte Middleware- und Datenbank-Services für die Portal- und Anwendungsentwicklung, wie auch Services für Integration, Zugriffskontrolle, Sicherheit, Synchronisierung und Datenhaltung"[122] zur Verfügung stellt. Der Vorteil hierbei ist, dass Softwarearchitekten oder Anwendungsentwickler keine eigenen Ressourcen vorhalten oder implementieren müssen, um in ihrem jeweiligen Arbeitsfeld tätig werden zu können.[123] Vielmehr können mithilfe von PaaS-Komponenten, Anwendungsbausteine einfach und schnell entwickelt und diese dann den Endkunden wie auch anderen Serviceebenen (z. B. SaaS-Ebene) zur Verfügung gestellt werden.[124] Aufgrund dessen kann man PaaS auch als die produktive Umgebung für SaaS-Services betrachten. Auf der dritten Ebene, die als Software as a Service (SaaS) bezeichnet wird, kann der Nutzer standardisierte Serviceanwendungen beziehen und zusätzlich aus verschiedenen Applikationsbausteinen wählen, die zu einer geschäftsprozessoptimierenden Individuallösung miteinander kombiniert werden können. Diese Services können dann je nach Bedarf über verschiedene Client-Geräte (z. B. über den Webbrowser oder Programmschnittstellen) bezogen und auch wieder abbestellt werden, wobei die hierfür notwendige Cloud-Infrastruktur vom Provider verwaltet wie auch gesteuert wird.[125] Abhängig von den Eigentumsverhältnissen und der Nutzungsart der Cloud kann zusätzlich zwischen drei verschiedenen Cloud-Formen unterschieden werden. Bei der sog. Public Cloud (auch External Cloud) werden Dienste offen über das Internet zur allgemeinen Nutzung bereitgestellt, wobei sich die Cloud-Infrastruktur im Besitzt des

---

[120] Die Service Level Agreements sind in den AGBs des Dienstleisters verbindlich dokumentiert. Vgl. hierzu MÜNZL/PAULY/RETI (2015), S. 13.

[121] Bekannte Services auf der ersten Ebene sind im B2B-Umfeld bspw. Amazon Web Services (AWS) oder im B2C-Bereich die Speicherdienste von Apple (iCloud) oder Dropbox. Vgl. hierzu BARTON (2014), S. 44; MÜNZL/PAULY/RETI (2015), S. 10.

[122] MÜNZL/PAULY/RETI (2015), S. 10. Eine Middleware umfasst alles „[...] was nicht Betriebssystem, Low-Level-Treiber oder Anwendungssoftware ist [...] und kann als eine Art Anwendungssoftware angesehen werden, die aus der eigentlichen Anwendungssoftware herausgelöst und separiert wurde." HÜNING (2019), S. 125.

[123] Vgl. BARTON (2014), S. 44.

[124] Vgl. auch im Folgenden MÜNZL/PAULY/RETI (2015), S. 10 f. Nennenswerte Services auf der Ebene von PaaS sind bspw. die Services von Force.com oder die von Salesforce.com für den Bereich der CRM Anwendungen. Vgl. hierzu BARTON (2014), S. 44.

[125] Vgl. NIST (2011), S. 2.

Dienstleisters befindet.[126] In dieser globalen Infrastruktur können „[...] hoch standardisierte Geschäftsprozess-, Anwendungs- und/oder Infrastrukturservices auf einer variablen „pay per use"- Basis zur Verfügung gestellt werden, wobei darüber hinausgehende individuelle Anpassungen an Geschäftsanforderungen des Cloud-Nutzers nicht möglich sind."[127] So hat der Nutzer bspw. keine Möglichkeit, Einfluss auf Compliance- Sicherheits- und Betriebsaspekte zu nehmen und kann nur eingeschränkt über den Ort wie auch die Art der Datenhaltung bestimmen. Im Gegensatz zur Public Cloud handelt es sich bei der Private Cloud (auch Internal oder Enterprise Cloud) „[...] um eine effiziente, standardisierte und sichere IT-Betriebsumgebung unter Kontrolle des Unternehmens, die individuelle, auf die Geschäftsanforderungen und Geschäftsprozesse des jeweiligen Unternehmens zugeschnittene Anpassung erlaubt."[128] Da die Private Cloud demnach eine nicht öffentliche, sondern eine in der Regel intern betriebene und gemanagte Cloud darstellt, sind nur autorisierte Nutzer wie z. B. Mitarbeiter, Kunden und Lieferanten dazu berechtigt, Zugriff auf diese private IT-Umgebung zu nehmen (z. B. über VPN).[129] Die dritte Cloud-Form wird hingegen als Hybrid Cloud bezeichnet. Sie kombiniert die beiden zuvor genannten Cloud-Formen miteinander und eignet sich vor allem für die Verarbeitung und Speicherung von großvolumigen Datenmengen (Big Data) sowie für die damit in Zusammenhang stehenden Anwendungsprogramme.[130] Auch wenn die bei der hybriden Form zum Tragen kommenden Cloud-Infrastrukturen (privat, gemeinschaftlich oder öffentlich) eigenständige Einheiten bilden, können diese über standardisierte und proprietäre Technologien miteinander verbunden werden, wodurch verteilte Systeme mit hohen Rechenleistungen entstehen. Wie MÜNZL, PAULY UND RETI

---

[126] Vgl. auch im Folgenden NIST (2011), S. 3; BARTON (2014), S. 45 f.; MÜNZL/PAULY/RETI (2015), S. 13 f.; FAUSER et al. (2017), S. 73; GEORGOPOULOS/GEORG (2021), S. 18. Public Cloud Besitzer, die in Frage kommen sind bspw. Unternehmen oder akademische oder staatliche Organisationen. Vgl. hierzu NIST (2011), S. 3. Bekannte Dienste, die offen über das Internet zur Verfügung gestellt werden, sind z. B. die Google-Doc Dienste oder die kostenpflichtigen Microsoft Office 365 Services. Vgl. hierzu FAUSER et al. (2017), S. 73.

[127] MÜNZL/PAULY/RETI (2015), S. 13.

[128] MÜNZL/PAULY/RETI (2015), S. 14.

[129] In dem Zusammenhang kann zwischen Insourced Private Cloud (Cloud wird durch das Unternehmen/Mitarbeiter betrieben und intern genutzt), Managed Private Cloud (Betrieb erfolgt durch einen externen Dienstleister gemäß vereinbarer SLAs) und Outsourced/Hosted Private Cloud (Cloud-Infrastruktur befindet sich physisch bei dem Provider, der gleichzeitig auch Besitzer der Infrastruktur ist und die Private Cloud für einen Kunden betreibt) unterschieden werden. Vgl. hierzu BARTON (2014), S. 46.

[130] Vgl. auch im Folgenden NIST (2011), S. 3; BARTON (2014), S. 46; MÜNZL/PAULY/RETI (2015), S. 14; GEORGOPOULOS/GEORG (2021), S. 18 f.

konstatieren, ist hierbei die Herausforderung „[…] die bestehende IT-Umgebung einerseits mit den Services von Private und/oder Public Clouds andererseits auf der Saas-, PaaS- und IaaS-Ebene zu einer sicheren Hybrid Cloud so zu integrieren, dass keine „Anwendungsbrüche" entstehen."[131] Ein wichtiger Erfolgsfaktor für das Entstehen integrierter und geschäftsprozessunterstützender Anwendungslösungen und somit auch für die Akzeptanz des hybriden Cloud Modells stellt demnach die Interoperabilität verschiedener Systeme und Anwendungen dar.

2.3.5 Blockchain-Technologie

Die Blockchain-Technologie wurde ursprünglich als technologische Plattform für die Einführung von Kryptowährungen entwickelt.[132] Bei solchen virtuellen Währungen, zu denen auch Bitcoins zählen, „[…] handelt es sich nicht um Geld, sondern um Verrechnungseinheiten, die aufgrund privatrechtlicher Vereinbarungen als Zahlungsmittel in multilateralen Verrechnungskreisen eingesetzt werden können, ohne dass es dafür eine Genehmigung der Aufsichtsbehörden bedarf."[133] Auch wenn der Blockchain Technologie die sog. Distributed Ledger Technologie[134] zugrunde liegt[135] und diese oftmals auch als Synonym für Blockchain verwendet wird[136], sollten dennoch beide Begrifflichkeiten aufgrund von Bedeutungsunterschieden differenziert betrachtet werden, um eine umfassende theoretische Durchdringung beider Technologien zu erreichen. Hierbei handelt es sich bei der DLT (im Deutschen häufig als Technologie der verteilten Konten-

---

131 MÜNZL/PAULY/RETI (2015), S. 14.

132 Vgl. PREUSS (2019), S. 69. Virtuelle Währungen wie z. B. der Bitcoin, stellen somit eine Anwendungsmöglichkeit der Blockchain dar. Vgl. hierzu BRÜHL (2017a), S. 135. Eine Bitcoin-Blockchain ist hierbei „[…] die öffentlich einsehbare Datenbank, die von den Nutzern des Systems, die sich einen Bitcoin Core heruntergeladen haben (auch Nodes genannt), dezentral auf ihren Computern gehostet wird." SIXT (2016), S. 8. Bitcoin-Transaktionen können über folgenden Link durch die Eingabe einer Bitcoin-Adresse öffentlich nachverfolgt werden. Vgl. hierzu https://www.blockchain.com/de/explorer

133 BRÜHL (2017a), S. 135.

134 Der Begriff wird im Folgenden mit „DLT" abgekürzt.

135 Vgl. REINWALD (2022), S. 13.

136 Vgl. CHANG/GRADY (2019), S. 23.

oder Transaktionsbücher bezeichnet)[137] um Netzwerktechnologien „[...] die den Knoten eines Netzwerks Schreib-, Lese- und/oder Speicherberechtigungen über die Inhalte einer Datenbank gewährt."[138] Diese verteilte Datenbank wird folglich nicht zentral verwaltet, wie dies bspw. bei traditionellen Varianten der Fall ist, sondern jeder Teilnehmer dieses DL-Netzwerks hat das Recht, neue Informationen über einen Validierungsprozess in die Datenbank mitaufzunehmen.[139] Damit jeder Nutzer auch über einen einheitlichen Datenbestand verfügt, werden Datenbankkopien angefertigt und neu hinzugefügte Informationen über einen Konsensmechanismus[140] verifiziert.[141] Darüber hinaus werden für diese verteilten Kopien Regeln definiert, die z. B. in Form von kryptografischen Verfahren eine betrugs- wie auch manipulationsfreie Ressourcenverwendung gewährleisten.[142]

Die Blockchain bietet hingegen eine Möglichkeit, die DLT zu implementieren und ist daher eher als eine Sonderform von ihr zu betrachten.[143] Als die wohl bekannteste DLT-Anwendung[144] beschreibt die Blockchain „[...] eine spezielle technische Realisierung der Integritätssicherung, bei der Einträge in Blöcke zusammengefasst und durch kryptographische Hash-Funktionen zu einer praktisch unveränderlichen Folge verkettet werden."[145] Auch wenn die Blockchain-Technologie alle Charakteristika der DLT in sich integriert, erkennt man anhand dieser Definition dennoch einen Unterschied. Während die DLT eine Datenstruktur verwendet, die vielseitig ausgestaltet werden kann, charakterisiert sich diese bei der Blockchain-Technologie durch sog. Blöcke, die als virtuelle Behälter alle

[137] In dem Zusammenhang erscheint die Übersetzung des Terminus „ledger" mit dem Begriff „Transaktionsbuch" wesentlich zutreffender, da die DLT Bewegungs- oder Transaktionsdaten verarbeitet wie auch speichert, während ein Kontenbuch eher Mengen- und Wertestrukturen erfasst, die keinen Änderungen unterliegen (sog. Bestandsdaten). Vgl. hierzu WASCHBUSCH/BURR/KISZA (2022), S. 37.

[138] WASCHBUSCH/BURR/KISZA (2022), S. 37. Vgl. hierzu ferner auch BIZ (2017), S. 2.

[139] Vgl. DEUTSCHE BUNDESBANK (2017), S. 36 f. Eine wesentliche Eigenschaft des DL ist hierbei, dass Datenbankeinträge zwar neu hinzugefügt, nicht aber gelöscht oder verändert werden können. Vgl. hierzu BÖHME/PESCH (2017), S. 473.

[140] Laut Bundesbankdirektor METZGER handelt es sich bei einem Konsensmechanismus um einen Algorithmus „[...] der eine Einigung über den Status eines Netzwerks zwischen seinen Teilnehmern erzielt." METZGER (2018), o. S.

[141] Vgl. WASCHBUSCH/BURR/KISZA (2022), S. 37.

[142] Vgl. ALT (2021), S. 1.

[143] Vgl. DEUTSCHE BUNDESBANK (2017), S. 37; WASCHBUSCH/BURR/KISZA (2022), S. 38.

[144] Vgl. SCHOLZ (2019), S. 6.

[145] BÖHME/PESCH (2017), S. 473.

jemals prozessierten Transaktionen erfassen.[146] Diese Blöcke werden chronologisch verbunden, wobei jeder neu generierte Block auch alle Transaktionen des vorherigen Blocks beinhaltet. Die daraus entstehende Kette aneinander gereihter Transaktionsblocks wird über einen digital verschlüsselten Fingerabdruck, dem sog. Hash-Wert validiert, um Veränderungen oder Neuerungen in der Blockchain zu dokumentieren und Manipulationen auszuschließen.[147] Da jeder Block über einen eigenen Hashwert verfügt „[...] der sich aus den Verschlüsselungswerten der einzelnen Transaktionen im Block sowie der Referenz zum vorherigen Block ergibt“[148], können zugleich sämtliche Transaktionen innerhalb der gesamten Blockchain historisch nachverfolgt werden.[149] Hinzu kommt, dass die Blockchain nicht zentral, sondern dezentral auf einzelnen Rechnern gespeichert wird (sog. Peer-to-Peer-Netzwerk)[150], wodurch nicht nur für weitere Transparenz gesorgt wird, sondern zugleich Transaktionskosten aufgrund nicht benötigter Intermediäre eingespart werden können.[151]

2.3.6 Augmented Reality und Virtual Reality

Augmented Reality und Virtual Reality[152] spielen im Kontext der Digitalisierung wie auch der digitalen Transformation[153] eine zentrale Rolle, da sie als fortschrittliche Technologien (sog. Advanced Technologies), zu denen bspw. auch 3-Druck, Blockchain, Künstliche Intelligenz[154] und das IoT zählen[155], „[...] die Basis für innovative digitale Geschäftsmodelle, Prozesse, Produkte und Dienstleistungen schaffen.“[156] Als „Befähiger“ der digitalen Transformation (sog. Enabling Technologies) bringen sie das Potenzial mit sich, gesamte Branchen umbruchartig

---

[146] Vgl. auch im Folgenden REINWALD (2022), S. 15.

[147] Vgl. SCHOLZ (2019), S. 6.

[148] BRÜHL (2017a), S. 137.

[149] Vgl. WASCHBUSCH/BURR/KISZA (2022), S. 38. Eine Rückverfolgbarkeit ist dabei vom zuletzt generierten Block, bis zum ersten Block der Kette, dem sog. Genesis Block, möglich. Vgl. hierzu SIXT (2016), S. 40.

[150] Vgl. REINWALD (2022), S. 16 f.

[151] Vgl. SCHOLZ (2019), S. 6.

[152] Augmented Reality wird im Folgenden mit „AR“ abgekürzt, Virtual Reality hingegen mit „VR“.

[153] Vgl. hierzu Abschnitt 2.4.1.

[154] Vgl. hierzu Kapitel drei.

[155] Vgl. auch im Folgenden GROTHUS/THESING/FELDMANN (2021), S. 3.

[156] GROTHUS/THESING/FELDMANN (2021), S. 3.

zu verändern, was u. a. dazu führt, dass traditionelle Geschäftsmodelle verdrängt und bestehende Technologien abgelöst werden. Der Begriff AR wurde dabei erstmals im Jahr 1992 in einem Artikel von CAUDELL UND MIZELL erwähnt.[157] Die darin als HUDset bezeichnete Technologie soll einem Benutzer über ein am Kopf getragenes transparentes Display hilfreiche Informationen zur Ausführung einer Aufgabe liefern. Die Autoren bezeichnen diesen Prototyp als erweiterte Realität (Augmented Reality), da das visuelle Sichtfeld eines Anwenders durch die zusätzliche digitale Informationsbereitstellung im Display erweitert wird.[158] Heutige AR-Brillen sind der HUDset-Technologie sehr ähnlich, da sie über ein semitransparentes Display Echtzeitinformationen wie auch 3D-Inhalte in das optische Wahrnehmungsfeld des Nutzers projizieren können, wodurch zumindest visuell betrachtet, die Grenzen zwischen virtueller und realer Welt zunehmend verschwimmen.[159] Neben den AR-Brillen kommen AR-Anwendungen auch regelmäßig in Tablets oder Smartphones zum Tragen. So kann man die AR-Technologie z. B. in mobile Apps integrieren (siehe bspw. das Smartphone Spiel „Pokémon Go“) oder im B2B Bereich zur Abwicklung von Wartungsarbeiten an Maschinen und Anlagen nutzen.[160] Charakteristisch bei AR ist dabei immer, dass der Nutzer weiterhin die Möglichkeit hat, seine reale

---

[157] Vgl. auch im Folgenden CAUDELL/MIZELL (1992), S. 660. Vgl. hierzu ferner auch ZOBEL et al. (2018a), S. 129.

[158] Auch wenn der HUDset Prototyp, welcher ursprünglich für die Flugzeugfertigung entwickelt wurde, die Grenze des Labors nie verlassen hat, wurde damit dennoch ein wichtiger technischer Grundstein zur Entwicklung der AR-Technologie gelegt. Vgl. hierzu GROTHUS/THESING/FELDMANN (2021), S. 9.

[159] Vgl. WERNING (2023), S. 6. Je nach technischer Ausgestaltung der AR-Anwendung kann der Nutzer in Echtzeit mit den realen und virtuellen Objekten innerhalb eines dreidimensionalen Raums interagieren. Vgl. hierzu THOMECZEK (2016), S. 111; ZOBEL et al. (2018a), S. 130. Ein „Greifen“ oder „Verändern“ von virtuellen Objekten ist in dem Zusammenhang allerdings nicht über mobile Endgeräte möglich (z. B. Smartphone oder Tablet). Hierzu muss ein Nutzer auf AR-Brillen wie die Hololens von Microsoft oder die Magic Leap AR Brille, deren Entwicklung von Google und Alibaba finanziell gefördert wurde, zurückgreifen. Vgl. hierzu WERNING (2023), S. 6 f.

[160] Vgl. GROTHUS/THESING/FELDMANN (2021), S. 9. AR-Anwendungen erlauben somit nicht nur ein realitätsorientiertes Einblenden von virtuellen Informationen wie auch Objekten, sondern zugleich auch neue Formen der Mensch-Technik-Interaktion. Vgl. hierzu ZOBEL et al. (2018a), S. 130. Weitere Einsatzgebiete von AR finden sich z. B. im Bereich der mobilen Navigation (Google Maps kann beim Aktivieren der AR-Funktion die Zielstrecke direkt auf die Fahrbahn/den Gehweg des Anwenders projizieren) oder bei mobilen Einkaufslösungen (bei IKEA können Möbel in dreidimensionaler Form in die Räumlichkeiten eines Nutzers platziert werden). Vgl. hierzu WERNING (2023), S. 6.

Umgebung wahrzunehmen, während diese um digitale Inhalte visuell angereichert wird.[161] AR ist folglich, wie ZOBEL et al. konstatieren, „[...] als ergänzende Funktion von realer und virtueller Welt zu verstehen und weniger als kompletter Ersatz der realen durch eine virtuelle Welt [...].“[162] Auch VR scheint kein grundlegend neuer technologischer Ansatz zu sein. So wurde bereits im Jahr 1988 in NASA´s Forschungszentrum für Luft- und Raumfahrt ein VR-System entwickelt, welches einem Benutzer eine virtuelle 360-Grad Umgebung zum interaktiven Erleben zur Verfügung stellte.[163] Auch wenn AR und VR im Rahmen ihrer Begrifflichkeit und technischen Bedeutung oftmals synonym verwendet bzw. miteinander verwechselt werden[164], gibt es dennoch einen essenziellen Unterschied, der zum umfangreichen Verständnis beider Technologiekonzepte berücksichtigt werden muss. Während ein Nutzer bei AR die reale Umgebung weiterhin wahrnehmen kann, da sie lediglich durch digitale Inhalte visuell erweitert wird, hat der Anwender bei VR-Lösungen die Möglichkeit, in eine simulierte, nicht realexistierende Welt einzutauchen.[165] Sobald ein Nutzer diese virtuelle Realität betritt (z. B. durch Nutzung einer VR-Brille[166]), bekommt er ein Gefühl der realen Präsenz vermittelt, da er zum einen seine physische Umwelt durch technisches Ausblenden visuell nicht mehr wahrnehmen kann und er zum anderen die Möglichkeit eingeräumt bekommt, mit einer neu geschaffenen digitalen Umgebung zu interagieren. VR beschreibt folglich, „[...] das Generieren einer künstlichen beinflussbaren Umgebung, die parallel zur wahrgenommenen Realität existiert, [während; Anm. d. Verf.] Anwender und Anwenderinnen sich mittels technischer Endgeräte in diese virtuelle Welt versetzen und je nach zusätzlicher Sensorik mit dieser und den in ihr inkludierten Objekten interagieren können.“[167] Hierbei gibt es unterschiedliche technologische Lösungen, die einen Zugang zu einer solchen

---

[161] Vgl. ZOBEL et al. (2018b), S. 25; WERNING (2023), S. 6.

[162] ZOBEL et al. (2018a), S. 130.

[163] Dieses System wurde als „VIEW“ (Virtual Interface Evironment Workstation) bezeichnet, wobei sich frühe Anwendungen im Bereich der Telerobotik, für das Management von großen Informationssystemen oder zur Erforschung von menschlichen Faktoren genutzt wurden. Vgl. hierzu FISHER et al. (1988), S. 91.

[164] Vgl. GROTHUS/THESING/FELDMANN (2021), S. 3.

[165] Vgl. auch im Folgenden WERNING (2023), S. 7. Dieses sogenannte Eintauchen in virtuelle Welten wird als Emmersion bezeichnet Vgl. hierzu ZOBEL et al. (2018a). S. 127.

[166] Hierbei gilt MORTON HEILIG als Erfinder der heutigen VR-Brillen. Mit dem sog. Sensorama schaffte er es erstmalig bewegte Bilder über stereoskopische Kameras im 3D-Format zu präsentieren. Vgl. hierzu GROTHUS/THESING/FELDMANN (2021), S. 16.

[167] ZOBEL et al. (2018a). S. 127.

Welt ermöglichen.[168] Neben rechnergebundenen VR-Brillen, die mit Kamerasensoren arbeiten, gibt es auch sog. Stand-Alone Varianten wie z. B. die Meta Quest oder Pico VR-Brille, die mobile Prozessoren in sich integrieren und somit ohne externe Hardware auskommen. Möchte ein Nutzer hingegen die Immersion ganzheitlich erleben, muss er auf komplexere VR-Lösungen zurückgreifen, die physische Bewegungen, Geräusche und Gerüche simulieren können. So kann bspw. ein Flugsimulator nicht nur die Bewegungen des Flugzeugs imitieren, sondern zugleich auch die Geräusche des Triebwerks nachstellen.

Es zeigt sich folglich, dass beide Technologievarianten digital erstellte Inhalte über die menschliche Sinneswahrnehmung transportieren, wobei danach differenziert werden muss, ob ein Anwender bei dieser Übertragung weiterhin seine physische Umwelt wahrnehmen kann (AR) oder ob dieser komplett in diese virtuelle Realität abtaucht (VR).[169]

2.4 Weitere wichtige Begrifflichkeiten

2.4.1 Digitale Transformation

Der Begriff der digitalen Transformation ist regelmäßiger Bestandteil von politischen wie auch medial geführten Diskussionen.[170] Problematisch ist hierbei allerdings, dass es aufgrund des Fehlens einer allgemeingültigen Definition immer wieder zu unterschiedlichen kontextbezogenen Begriffsverwendungen kommt.[171] So werden bspw. die Termini digitales Zeitalter und Digitalisierung häufig synonym verwendet, obwohl diese eigentlich unterschiedliche Sachverhalte adressieren.[172] Der Begriff der Transformation kann dabei auf KARL POLANYI zurückgeführt werden, der in seinem Buch „The Great Transformation: The Political and Economic Origins of Our Time“ u. a. den gesellschaftlichen und wirtschaftlichen Wandel in England anhand der ersten industriellen Revolution

---

[168] Vgl. auch im Folgenden WERNING (2023), S. 8.

[169] Vgl. GROTHUS/THESING/FELDMANN (2021), S. 16. Die Begriffe AR und VR werden in der Literatur oftmals auch unter dem Oberbegriff „Mixed Reality“ (MR) subsumiert. Vgl. hierzu WERNING (2023), S. 5. Bei MR handelt es sich um eine Umgebung „[...] in der reale und virtuelle Objekte in einer Visualisierung kombiniert werden können.“ ZOBEL et al. (2018b), S. 25.

[170] Vgl. HARWARDT (2022), S. 10.

[171] Vgl. SCHALLMO (2016), S. 3; SCHALLMO/RUSNJAK (2021), S. 3.

[172] Vgl. KAPSALIS (2021), S. 1; HARWARDT (2022), S. 10.

analysiert.[173] In seinen Ausführungen beschreibt er die Transformation als einen fundamentalen Wandel in den sozialen, wirtschaftlichen und politischen Strukturen, der durch die Idee eines selbstregulierten Marktes geprägt wird. Hierbei argumentiert er kritisch, dass diese Transformation nicht ohne soziale Konflikte und Anpassungsschwierigkeiten abläuft und betont dabei die Notwendigkeit von gegenläufigen Bewegungen, um soziale Schutzmechanismen aufrechtzuerhalten.[174] POLANYI fügt in dem Zusammenhang auch hinzu, dass „[...] the nature of the transformation itself [includes; Anm. d. Verf.] a transformation of society, not just of the economy, and a transformation of the economy that is far more profound that their simple prescriptions would suggest."[175] Digitalisierung kann hingegen, wie in Abschnitt 2.1. bereits erläutert, als die Voraussetzung für die digitale Transformation angesehen werden, da sie als technologisch getriebene Entwicklung der digitalen Transformation z. T. Jahre vorausgeht. Bei der digitalen Transformation geht es folglich um mehr als nur um die Einführung neuer IT-Technologien oder die Konvertierung von analogen Daten oder Prozessen. Folgerichtig konstatieren GRIVAS und GRAV, dass die digitale Transformation „[...] die Verbindung von Digitization und der Digitalisierung [erfordert; Anm. d. Verf.], um angepasste oder neue Geschäftsmodelle zu schaffen und ein Unternehmen im digitalen Zeitalter effizient und effektiv zu transformieren. Sie erlaubt zudem eine Vernetzung über die Unternehmensgrenzen auf allen Wertschöpfungsstufen hinweg und setzt voraus bzw. sieht vor, dass Unternehmungen ihre Kultur, die Organisation und die Prozesse an die neuen Rahmenbedingungen im digitalen Zeitalter anpassen."[176] Während Digitization hierbei die technische Voraussetzung für die digitale Transformation liefert, indem analoge Daten in digitale Daten umgewandelt werden, ermöglicht Digitalisierung auf Basis dieser Daten eine Weiterentwicklung bzw. Anpassung von Prozessen, Geschäftsmodellen und Organisationsstrukturen.[177] Mit ihr können traditionelle Wertschöpfungsketten durchbrochen werden, neue Netzwerke entstehen und Unternehmen sich strategisch neu ausrichten. Es zeigt sich, dass erst mit der Digitalisierung, also der erfolgreichen Nutzung von digitalen Daten, die digitale Transformation eingeleitet wird, die sich als Veränderungsprozess auf alle Ebenen einer Organisation auswirkt und neue Werte schafft.

---

[173] Vgl. auch im Folgenden POLANYI (1944), S. xxii ff.

[174] Vgl. POLANYI (1944), S. 135, 148.

[175] POLANYI (1944), S. xiv. Transformation ist im Grunde genommen die Umwandlung von einem Zustand in einen anderen. Vgl. hierzu HARWARDT (2022), S. 10.

[176] GRIVAS/GRAF (2020), S. 144 f.

[177] Vgl. auch im Folgenden GRIVAS/GRAF (2020), S. 145.

2.4.2 Industrie 4.0

Die Digitalisierung und die damit verbundenen technologischen Neuerungen führen unweigerlich zu veränderten wirtschaftlichen Rahmenbedingungen. So sind Unternehmen aufgrund der dadurch entstehenden Marktdynamisierung dazu angehalten, ihre Produktivitätsrate zu erhöhen, innovative Produkte zu entwickeln und sich einem ständig ändernden Marktumfeld anzupassen.[178] Industrie 4.0 dient dabei als Antwortmöglichkeit, um diesen Herausforderungen im produktiven Sektor zu begegnen.[179] Sie erlaubt die industrielle Transformation und umfasst „[...] die Vernetzung aller menschlichen und maschinellen Akteure über die komplette Wertschöpfungskette sowie die Digitalisierung und Echtzeitauswertung aller hierfür relevanten Informationen, mit dem Ziel die Prozesse der Wertschöpfung transparenter und effizienter zu gestalten, um mit intelligenten Produkten und Dienstleistungen den Kundennutzen zu optimieren."[180] Historisch gesehen steht der Begriffszusatz 4.0 für die vierte Entwicklungsstufe der industriellen Produktion, was zugleich impliziert, dass dieser drei weitere inhaltlich wie auch zeitlich vorausgegangen sind.[181] So begann Ende des 18. Jahrhunderts die erste industrielle Revolution, die mechanische, mit Wasser- oder Dampfkraft betriebene Produktionsanlagen hervorbrachte.[182] Mit der Erfindung der Dampfmaschine wurde es möglich, Produktionsabläufe flexibler zu gestalten, die Produktivität zu erhöhen und den sozialen Wohlstand zu verbessern.[183] In der zweiten Phase der industriellen Revolution wurde gegen Ende des 19. Jahrhunderts die arbeitsteilige Massenproduktion durch die Nutzung elektronischer Fließ- und Förderbänder eingeführt.[184] Obwohl das Fließband bereits um das Jahr 1870 in der industriellen Fleischverarbeitung zum Tragen kam, erlangte es „[...] zur Umsetzung arbeitsteiliger Massenproduktion vor allem durch Einsatz im Unternehmen Ford zur Herstellung des Model T breite Bekanntheit."[185] Mit Beginn der 1970er Jahre wurden dann im Rahmen der dritten industriellen Revolution die ersten Computer entwickelt, die über elektronische Steuerungsmöglichkeiten

---

[178] Vgl. Harwardt (2022), S. 4.

[179] Vgl. Sarferaz (2023), S. 423.

[180] Roth (2016), S. 6.

[181] Vgl. Weber (2021), S. 45.

[182] Vgl. Roth (2016), S. 5.

[183] Vgl. Becker/Pflaum (2019), S. 5. Daraus resultierte die Industrialisierung der Textil-, Eisen- und Stahlindustrie. Vgl. hierzu Siepmann (2016), S. 19.

[184] Vgl. Siepmann (2016), S. 19.

[185] Weber (2021), S. 46.

automatisierte Produktionsprozesse förderten, wodurch die industrielle Fertigung schneller, präziser und flexibler wurde.[186] Dadurch wurde es möglich, individualisierte Produkte herzustellen und den seither gestiegenen Kundenforderungen gerecht zu werden. Den durch Mechanisierung, Automatisierung und Digitalisierung geprägten Entwicklungsstufen folgt die vierte industrielle Revolution[187], die „[...] die Vernetzung der Produktion über das Internet und die damit verbundene Vermischung der physischen mit der virtuellen Welt zu sogenannten Cyber-Physikalischen Systemen (CPS) [...] darstellt."[188] Industrie 4.0 kann hierbei als die treibende Kraft der vierten industriellen Revolution angesehen werden, da sie als deutsche Projektinitiative die digitale Transformation der Fertigungstechnik vorantreiben und den Standort Deutschland im Wettbewerb stärken soll.[189] Konkret geht es bei dieser intelligenten Fabrik darum, den technologiegetriebenen Komplexitätsanstieg in der Produktion für Unternehmen beherrschbar zu machen. Zusätzlich soll durch die Selbstoptimierungsmöglichkeit von Maschinen die Störanfälligkeit des gesamten Produktionsprozesses verringert und die Effizienz des Produktionsprogramms durch den intelligenten Einsatz von CPS gesteigert werden. In der Industrie 4.0, so konstatiert MIEBACH „[...] suchen die Werkstücke in der Produktion selbständig den schnellsten Weg durch die Werkshalle zur Maschine, rüsten sich die Maschinen automatisch durch Informationen des Werkstücks um, bestellen automatisch Ersatzteile. Wenn ein Fehler an der Maschine in Zukunft prognostiziert wird, nimmt die Maschine eine Umplanung der Produktion vor etc."[190] Dieser Prozess wird dabei durch die vollständige

---

[186] Vgl. auch im Folgenden ROTH (2016), S. 5; WEBER (2021), S. 46. Diese Entwicklungsphase wird auch als erste digitale Revolution bezeichnet. Vgl. hierzu BECKER/PFLAUM (2019), S. 5.

[187] Da diese Entwicklungsstufen sich über einen längeren Zeitraum erstreckt haben, mit unterschiedlichen Dynamiken verbunden waren und zudem je nach geografischer Lage zeitversetzt abliefen, erscheint die Bezeichnung „Revolution" als inhaltlich nicht passend. Die damit verbundene Digitalisierung ist daher eher als ein evolutionärer Prozess anzusehen als eine plötzliche und umbruchartige (disruptive) Entwicklung. Vgl. hierzu WEBER (2021), S. 46.

[188] BECKER, PFLAUM (2019), S. 6. Siehe zu dem Thema CPS auch die inhaltlichen Ausführungen in Abschnitt 2.3.2.

[189] Vgl. auch im Folgenden SIEPMANN (2016), S. 20; MIEBACH (2020), S. 146 f. Konkret wurde Industrie 4.0 als ein in die Zukunft gerichtete Initiative von der Akademie der Wissenschaften (acatech) und den Verbänden VDMA, ZVEI und BITKOM im Jahre 2011 ins Leben gerufen. In diesem Projekt sind nicht nur Forschungseinrichtungen und Universitäten vertreten, sondern auch namenhafte deutsche Industrieunternehmen involviert. Vgl. hierzu MIEBACH (2020), S. 147.

[190] MIEBACH (2020), S. 147.

Vernetzung von Menschen, Maschinen und Ressourcen digital abgebildet und gesteuert.

2.4.3 Data Mining

„The fruits of knowledge growing on the tree of data are not easy to pick."[191]

Mit dem zunehmenden Aufkommen von Big Data[192] wächst die Erwartung, großvolumige und digitale Datenmengen zielgerichtet auswerten zu können. Dadurch sollen neue und vor allem entscheidungsnützliche Informationen gewonnen werden, die z. B. eine differenziertere Kundenansprache ermöglichen.[193] Unweigerlich steigen mit dieser Erwartungshaltung die Anforderungen an das Datenmanagement und die Datenanalyse, weswegen fortschrittliche Analysemethoden zunehmend in das allgemeine Blickfeld gelangen. In der Wissenschaft wie auch der Praxis werden dabei unter dem Begriff Business Analytics all diejenigen technologischen Lösungen und Verfahren diskutiert, die Zusammenhänge in riesigen Datenmengen erkennen und zukünftige Tendenzen prognostizieren können. Eine Vielzahl der hierfür zum Tragen kommenden Methoden ist allgemein unter dem Begriff Data Mining bekannt.[194] Als ein wichtiges Element von Business Analytics beschreibt es „[…] den systematischen Ansatz statistischer Verfahren zum Aufspüren von Links oder Trends aus der Datenfülle der Big Data."[195] Anders ausgedrückt steht Data Mining für das Schürfen in riesigen Datenmengen, um noch nie dagewesene Datenmuster, -trends und -zusammenhänge zu erkennen, wobei hierzu statistische und mathematische Verfahren wie auch Algorithmen verwendet werden.[196] Data Mining kommt dabei vor allem dann zum Einsatz, wenn unterschiedliche Datentypen[197] wie z. B. „[…] Kundenverhalten (Suche, Bestellungen) in Verkaufsplattformen, Texte und Chats aus sozialen Netzwerken, E-Mails, Dialoge in digitalen Sprachassistenten, Hacker-Attacken oder Sensordaten für teilautonomes Fahren"[198] ausgewertet werden sollen. In jüngster Zeit werden für diese „gemischte" Datenanalysen immer häufiger KI-getriebene

---

[191] Frawley et al. (1992), S. 67.

[192] Vgl. hierzu Abschnitt 2.3.3.

[193] Vgl. auch im Folgenden Gluchowski et al. (2021), S. 25.

[194] Vgl. Chang/Grady (2019), S. 26.

[195] Lauterjung (2020), S. 263.

[196] Vgl. Jürgens/Buchkremer (2020), S. 371; Georgopoulos/Georg (2021), S. 21.

[197] Vgl. Bissantz/Hagedorn (2009), S. 139.

[198] Miebach (2020), S. 243.

Lernalgorithmen verwendet, da sie zumindest im Falle von KNN flexibel auf alle Datenformate angewendet werden können.[199] Die Folge davon ist, dass Data Mining in der KI-Welt eine immer größere Rolle spielt, während herkömmliche Analyseprogramme, die keine KI-Lösungen anbieten, immer mehr an Bedeutung verlieren.

Grundsätzlich können wie in Abbildung 2.1 dargestellt je nach Ziel- und Zwecksetzung unterschiedliche Analyseverfahren verwendet werden.[200]

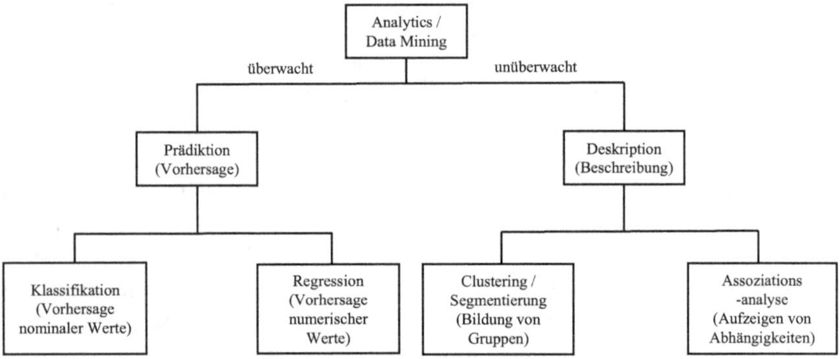

Abbildung 2.1 Einsatzzwecke von Data Mining Verfahren[201]

Hierbei kann zwischen vorhersagenden Verfahren (Prädiktion), die sich zur Klassifikation oder Regression verwenden lassen und zwischen beschreibenden Verfahren (Deskription), die zur Segmentierung und Assoziationsanalyse genutzt werden können, unterschieden werden. Verfahren zur Deskription werden dabei als unüberwacht betrachtet, weil sie aufgrund des Fehlens oder der Nichtverwendung von erklärenden Variablen keinen Vergleich zwischen prognostizierten Werten und beobachteten Ausprägungen erlauben. Vielmehr wird versucht, Muster in den Ausprägungen von unabhängigen Variablen zu finden, ohne Prognosen für erklärte Variablen aufzustellen. Überwachte Verfahren (Prädiktion) können

[199] Vgl. auch im Folgenden MIEBACH (2020), S. 244 f. So wurde bspw. das sog. Deep Learning Verfahren, welches auf statistischen Methoden und KNN-Lernalgorithmen basiert, extra für das Data Mining entwickelt. Vgl. hierzu Abschnitt 3.4.2 und Abschnitt 3.4.3.

[200] Vgl. auch im Folgenden GLUCHOWSKI et al. (2021), S. 27 f.

[201] In Anlehnung an GLUCHOWSKI et al. (2021), S. 27. Für mehr Informationen zu den einzelnen Verfahren siehe z. B. GEORGOPOULOS/GEORG (2021), S. 21 f.; MOCKENHAUPT (2021), S. 274 f.

hingegen auf vergangenheitsbezogene Datenbestände zurückgreifen und verfolgen das Ziel, den Einfluss der Ausprägungen einer oder mehrerer Inputvariablen auf die Ausprägungen einer oder auch mehrerer Outputvariablen zu prognostizieren. Das hierbei zum Tragen kommende Modell versucht also zu lernen, „[...] wie sich aus einer vorgegebenen Kombination der Ausprägungen von Eingangsvariablen Ausgabe- oder Ergebniswerte ermitteln lassen.“[202] Solche Quantitative Vorhersagemodelle in Form von Prädiktiven Analysen gewinnen vor allem in einer Welt, die von zunehmender Volatilität, Unsicherheit, Komplexität und Ambiguität[203] geprägt ist, zunehmend an Bedeutung, da sie „[...] auf Basis von Data Mining, maschinellem Lernen[204] und anderen statistischen Methoden Vorhersagen über die Wahrscheinlichkeit von zukünftigen Ereignissen [...]“[205] treffen können. Prädiktive Analysen[206] können z. B. in der Versicherungsbranche angewendet werden, um über sicherheitsrelevante Faktoren wie bspw. Geschlecht, Alter und Fahrerfahrung, die Unfallwahrscheinlichkeit einer Person einzuschätzen. Die sich daraus ergebende personenbezogene Risikoeinstufung wird dann zur Ermittlung des individuellen KFZ-Versicherungsbetrags herangezogen.[207] Weitere Anwendungsfelder für PA finden sich z. B. im Bankenbereich zur Berechnung von Kreditausfallrisiken, im Einzelhandel zur Absatzprognose oder im Bereich der Luftfahrt zur Schätzung erwarteter Passagierzahlen.

---

[202] GLUCHOWSKI et al. (2021), S. 28.

[203] Zur Beschreibung dieser Eigenschaften wird in der Literatur häufig von „VUCA“ gesprochen. Vgl. hierzu DONNER (2022), S. 146. Das Akronym VUCA fand dabei vor mehr als 40 Jahren Niederschlag im amerikanischen Militärvokabular und anschließende Verwendung in Strategiegesprächen, ehe es wieder in Vergessenheit geriet. Vgl. hierzu EHMER- SCHOBER/ EHMER/REGELE (2017), S. 669.

[204] Vgl. hierzu Abschnitt 3.4.2.

[205] GEORGOPOULOS/GEORG (2021), S. 25.

[206] In der Literatur wird in dem Zusammenhang meistens das englischsprachige Wort „Predictive Analytics“ verwendet. Vgl. hierzu z. B. GEORGOPOULOS/GEORG (2021), S. 25; HEUPEL/LANGE (2021), S. 209.

[207] Vgl. auch im Folgenden HEUPEL/LANGE (2021), S. 209.

3 Künstliche Intelligenz

3.1 Definition

Das Begriffsverständnis für KI ist sowohl in der Wissenschaft wie auch in der Praxis aufgrund seiner technologischen Komplexität und der damit verbundenen Einsatzvielfalt als sehr heterogen zu betrachten, weswegen im Schrifttum derzeit noch keine einheitliche KI-Definition existiert.[1] Begründet werden kann diese Vielzahl an unterschiedlichen Begriffserklärungen auch damit, dass das KI-Forschungsfeld bereits seit seinen Anfängen interdisziplinär ausgerichtet ist und die Technologie unterschiedliche Entwicklungsstufen durchläuft.[2] Während KI in seiner ersten Entwicklungsphase im Sinne heuristischer Systeme verstanden wurde, so hat sich das Technologieverständnis mit zunehmendem Intelligenzgrad zunächst zu wissensbasierten Systemen und danach zu lernenden Systemen wie maschinelles Lernen und hybride kognitive Systeme weiterentwickelt.[3] Vor diesem Hintergrund erscheint es umso wichtiger, die Bedeutung des Begriffs zu klären und ein gemeinsames Begriffsverständnis herbeizuführen, ehe die KI-bezogenen Anwendungsmöglichkeiten und Herausforderungen im Bankensektor

---

[1] Vgl. WIRTZ/WEYERER (2019b), S. 38; LAUTERJUNG (2020), S. 256.

[2] Vgl. WIRTZ/WEYERER (2019a), S. 5.

[3] Vgl. DFKI (2017), S. 29. Heuristische Systeme nutzen z. B. Erfahrungswissen, um wenig strukturierte Probleme zu lösen. Wissensbasierte Systeme erlauben hingegen eine maschinelle Verarbeitung von manuell erstellten Daten, während beim maschinellen Lernen diese Daten automatisiert erhoben und verarbeitet werden. Hybride kognitive Systeme stellen in dem Zusammenhang eine Kombination von maschinellem Lernen und wissensbasierten Systemen dar. Vgl. hierzu MOCKENHAUPT (2021), S. 50.

T. M. König, *Künstliche Intelligenz in der Bankenbranche*, BestMasters,
https://doi.org/10.1007/978-3-658-50828-9_3

beleuchtet werden können. Hierbei haben WIRTZ et al. auf der Grundlage verschiedener Definitionen einen integrativen Definitionsansatz entwickelt[4], der im weiteren Verlauf der Arbeit Anwendung finden soll. Demnach wird unter KI „die Fähigkeit eines Computersystems verstanden, menschenähnliches intelligentes Verhalten zu zeigen, das durch bestimmte Kernkompetenzen wie Wahrnehmung, Verstehen, Handeln und Lernen gekennzeichnet ist."[5]

3.2 Heutige KI-Ansätze

3.2.1 Starke und schwache KI

> *„I fear that AI may replace humans altogether. If people design computer viruses, someone will design AI that replicates itself. This will be a new form of life that will outperform humans."*[6]

Um lernende Systeme besser einzuordnen und verschiedene Grade der Intelligenz und Autonomie zu beschreiben, wird im Schrifttum häufig zwischen starker und schwacher KI differenziert. Hierbei werden nach DAHM und TWESTEN unter schwacher KI Systeme verstanden „[...] die unterschiedliche Aufgaben lösen können, die sich auf ein konkretes Anwendungsproblem beziehen. Dabei können diese Systeme eine Lösung auf menschlichem Niveau herbeiführen und nutzen definierte Algorithmen, um komplexe Aufgabenstellungen zu lösen."[7] Schwache KI-Systeme bilden in dem Zusammenhang nur einen Teil der menschlichen Fähigkeiten ab, wobei die Technologie es heute sogar schafft, die menschliche Intelligenz in spezifischen Anwendungsszenarien zu übertreffen.[8] Alle derzeit existierende KI-Systeme, die in Softwarelösungen implementiert wurden, können der schwachen KI zugeordnet werden, da mit ihr keine menschlichen Denkprozesse nachgestellt und somit auch keine kausalen Zusammenhänge verstanden werden können.[9] Vielmehr geht es bei den derzeit technisch realisierbaren

[4] Vgl. WIRTZ/WEYERER (2019a), S. 5.

[5] WIRTZ/WEYERER (2019b), S. 38 f.

[6] HAWKING (2017), o. S.

[7] DAHM/TWESTEN (2023), S. 8.

[8] Vgl. NEUHAUS (2018), o. S.

[9] Vgl. BUXMANN/SCHMIDT (2021), S. 7; DAHM/TWESTEN (2023), S. 8.

Lösungen darum, spezifische Problemstellungen über den gezielten Einsatz von Algorithmen auf menschlichem Niveau zu lösen.[10]

Die starke KI, die auch als allgemeine künstliche Intelligenz bezeichnet wird[11], versucht hingegen „[...] die menschlichen Fähigkeiten abzubilden, zu optimieren oder zu übertreffen [...][um; Anm. d. Verf.] eigenständig ein Bewusstsein zu entwickeln und generelle Problemstellungen in komplexen und nicht vorhersehbaren Situationen zu lösen."[12] Konkret geht es bei der starken Form der KI darum, menschliche Vorgänge im Gehirn zu imitieren, wodurch ein künstlich erzeugtes Bewusstsein entsteht, das z. B. logisches Denkvermögen, empathisches Verhalten, Lernfähigkeit und natürliche Sprachkommunikation ermöglicht.[13] Die starke KI kann dadurch autonom, d. h. ohne menschliche Assistenz agieren, was dazu führt, dass ein Außenstehender kaum differenzieren kann, ob es sich hierbei um einen echten Menschen oder nur um eine Maschine handelt.[14] Starke KI-Systeme befinden sich derzeit noch im Forschungsstadium und müssen mit umfassenden Trainingsdaten „gefüttert" werden, um optimale Ergebnisse zu erzielen.[15] Durch die angestrebte Fähigkeit, Daten eigenständig zu sammeln und zu verarbeiten, soll es KI-Systemen künftig möglich werden, den eigenen Lernprozess zu beschleunigen und verbesserte Problemlösungen zu entwickeln. Auch wenn die Forschungsarbeit im Bereich starker KI zukünftig weiter zunehmen wird und dadurch eine sog. Superintelligenz entstehen könnte, „[...] die sowohl ein Bewusstsein als auch Empathie entwickelt und damit Lösungsansätze hervorbringt, die für den Menschen bisher nicht erreichbar sind"[16], kann zumindest zum jetzigen Zeitpunkt festgestellt werden, dass die menschliche Intelligenz nicht ansatzweise durch Technologien ersetzt werden kann.[17] Dieser Umstand, so konstatiert MOCKENHAUPT, lässt sich auch damit begründen, dass derzeit

[10] Anwendungsbeispiele für schwache KI finden sich z. B. im Bereich der Zeichen- bzw. Texterkennung, oder in Bilderkennungs- oder Spracherkennungslösungen. Vgl. hierzu NEUHAUS (2018), o. S.

[11] Vgl. DAHM/TWESTEN (2023), S. 8.

[12] DAHM/TWESTEN (2023), S. 8.

[13] Vgl. NEUHAUS (2018), o. S.; BUXMANN/SCHMIDT (2021), S. 6 f.

[14] Vgl. MOCKENHAUPT (2021), S. 53.

[15] Vgl. auch im Folgenden NEUHAUS (2018), o. S.; DAHM/TWESTEN (2023), S. 9.

[16] DAHM/TWESTEN (2023), S. 9.

[17] Vgl. BUXMANN/SCHMIDT (2021), S. 7. Wissenschaftlicher gehen in dem Zusammenhang davon aus, dass die starke KI frühestens in 20 bis 40 Jahren technisch umgesetzt werden kann. Vgl. hierzu MOCKENHAUPT (2021), S. 52.

keine wissenschaftlich fundierten Theorien, Experimente oder Beobachtungen existieren, die das Bewusstsein des Menschen erklären können.[18]

3.2.2 Symbolische, subsymbolische und hybride KI

Derzeit existiert eine Vielzahl an methodischen Herangehensweisen, die sich mit der Modellierung von Intelligenz und der Lösung von Problemen beschäftigen. Die symbolische und subsymbolische KI-Ansätze gelten in dem Zusammenhang als zwei bedeutende Paradigmen, die die heutig KI-Landschaft zentral geprägt haben.[19] Nach KEICHER et al. bezieht sich die symbolische KI auf einen Ansatz, „[...] der auf der Verwendung von symbolischen Repräsentationen und logischen Regeln zur Verarbeitung von Informationen beruht und sich dadurch auszeichnet, dass Wissen und Informationen in einer für den Menschen les- und nachvollziehbaren Form repräsentiert werden."[20] Einfach ausgedrückt geht es bei dieser Form der Wissensverarbeitung darum, aus Fakten, Ereignissen und Zusammenhängen nachvollziehbare Modelle zu bilden, die z. B. in Form von Entscheidungsbäumen oder -wegen logische Schlussfolgerungen erlauben.[21] Hierbei werden Symbole über vorprogrammierte Regeln kombiniert (z. B. Wörter, Buchstaben oder Ziffern), sodass „[...] alle Schritte lesbar, die Repräsentationen erkennbar und der Prozess der Beweisführung logisch verstanden und nachvollzogen werden kann."[22] So wurde es mit dieser eher klassischen KI erstmals möglich, Expertenwissen z. B. eines Arztes oder eines Ingenieurs zum Planen, Entscheiden und Problemlösen zu simulieren, indem das jeweilige Fachwissen in formale Regeln übersetzt und daraus automatisierte, ereignisbezogene Handlungen abgeleitet wurden.[23] Darüber hinaus verfolgt die symbolische KI ein Top-Down-Ansatz, was bedeutet, dass in einem ersten Schritt notwendige Daten vollumfänglich gesammelt, in einem zweiten das Modell gebildet und erst danach die logische Schlussfolgerung gezogen wird.[24]

---

[18] Vgl. MOCKENHAUPT (2021), S. 53.

[19] Man spricht in dem Zusammenhang auch von klassischer oder alter KI bzw. statistikbasierter oder neue KI. Vgl. hierzu MAINZER/KAHLE (2022), S. 4, S. 6.

[20] KEICHER et al. (2023), S. 356.

[21] Vgl. MOCKENHAUPT (2021), S. 57.

[22] ANSLINGER et al. (2022), S. 16.

[23] Vgl. MAINZER/KAHLE (2022), S. 2.

[24] Vgl. auch im Folgenden MOCKENHAUPT (2021), S. 57. Da zur Ableitung valider, modellbasierter Ergebnisse eine möglichst vollständige Datenbasis vorliegen muss, ist die Frage,

Nach ANSLINER et al. kommt die subsymbolische KI hingegen „[...] nicht durch die Kombination von Symbolen und Regeln zu einem Ergebnis, sondern gewinnt Informationen durch die Anwendung von mathematischen Formeln und optimiert diese so lange, bis sie das gewünschte Ergebnis enthält."[25] Bei diesem KI-Ansatz treten sensorielle Daten an die Stelle logischer Regeln und werden zur Berechnung von Korrelationen und Wahrscheinlichkeiten genutzt.[26] Über sog. Lernalgorithmen, die dem maschinellen Lernen zugrunde liegen, können neue Erkenntnisse aus den Daten gewonnen werden, wobei der daraus resultierende Lernprozess unbewusst abläuft und sich somit jeglicher logischen Schlussfolgerung entzieht. Auch wenn die subsymbolische KI demnach als Black Box[27] ausgestaltet ist, da sie wichtige Eigenschaften wie Überprüfbarkeit, Interpretierbarkeit oder Erklärbarkeit vermissen lässt, kommt sie aufgrund ihres hohen Leistungspotenzials häufig zum Einsatz.[28] So haben zunehmende Rechnerleistungen u. a. dazu beigetragen, dass das maschinelle Lernen im Bereich Big Data technisch realisierbar wurde, wodurch neue KI-Anwendungen z. B. im Bereich der Medikamenten- oder Impfstoffentwicklung entstanden sind. Zusätzlich können neuronale Netzwerke dazu genutzt werden, um das Erfahrungslernen zu ermöglichen, in dem Muster bzw. Regelmäßigkeiten in großen Datenbeständen erkannt und anschließend bewertet werden.[29] Da sich die menschliche Intelligenz „[...] weder auf die Logik des Verstandes noch die Daten der Wahrnehmung reduzieren lässt [...] ist das Zukunftsziel, statistische Lernalgorithmen mit logischen und wissensbasierten Methoden zu verbinden."[30] Wie in Abbildung 3.1 dargestellt, soll es hierbei durch die Kombination der symbolischen

wie die symbolische KI mit unsicheren Datensituationen umgeht. Weiterhin könnte ein Kritikpunkt sein, dass vorab definierte Regeln die Entstehung von neuem Wissen hemmen. Vgl. hierzu MOCKENHAUPT (2021), S. 57.

[25] ANSLINGER et al. (2022), S. 16.

[26] Vgl. auch im Folgenden MAINZER/KAHLE (2022), S. 5

[27] Nach KEICHER et al. wird eine Black Box dazu verwendet, um „[...] Modelle zu beschreiben, bei denen das Wissen nicht explizit repräsentierbar ist, sondern verteilt über Tensoren realer Zahlen vorliegt – deren Komplexität selten mit den kognitiven Fähigkeiten eines Menschen beherrschbar ist." KEICHER et al. (2023), S. 357.

[28] Vgl. KEICHER et al. (2023), S. 357. In dem Zusammenhang konstatieren ANSLINGER et al. allerdings, dass „bei KI-basierten Entscheidungen, die hohe Risiken mit sich bringen, wie bei selbstfahrenden Autos oder medizinischen Diagnosen die fehlende Nachvollziehbarkeit subsymbolischer KI-Systeme [...] eine Herausforderung darstellt, die es zu umschiffen gilt." ANSLINGER et al. (2022), S. 16.

[29] Vgl. MOCKENHAUPT (2021), S. 57. Vgl. hierzu ferner auch Abschnitt 3.4.2.

[30] MAINZER/KAHLE (2022), S. 6.

und subsymbolischen KI möglich werden, unbewusst verarbeitete Sensordaten (Wahrnehmung) mit bewusstem logischem Denken (Verstand) zu verknüpfen.[31]

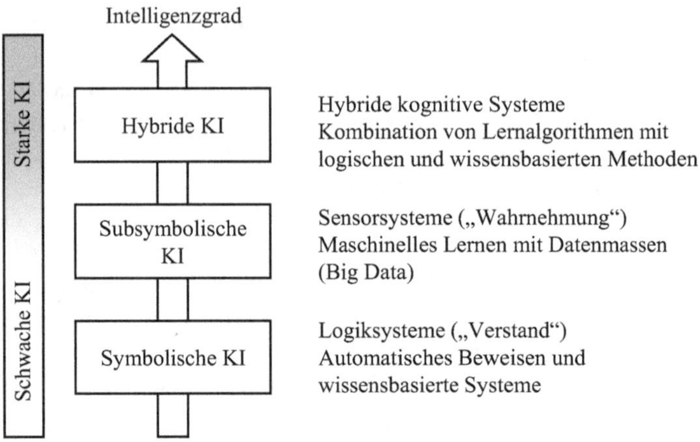

Abbildung 3.1 Darstellung der KI-Ansätze[32]

So können nicht nur menschliches Wissen, sondern auch menschliche Fähigkeiten wie logisches Denkvermögen oder Interpretations- und Entscheidungskompetenzen mit den Möglichkeiten der KI, also z. B. der Analyse, Verarbeitung und Klassifizierung großer Datenmengen, innerhalb eines hybriden Systems miteinander kombiniert werden. Der hybriden KI kann daher ein wesentlich höherer Intelligenzgrad zugeordnet werden als der symbolischen oder subsymbolischen KI. Dennoch sind alle der in Abbildung 3.1 dargestellten KI-Formen in der Praxis anzutreffen.

So werden wissensbasierte Expertensysteme und maschinelle Lernverfahren vorwiegend in der Automobilindustrie oder Medizin genutzt, während die hybride KI bereits im Bereich der Robotik zum Tragen kommt.

[31] Vgl. auch im Folgenden MOCKENHAUPT (2021), S. 55 ff.; MAINZER/KAHLE (2022), S. 6 f.
[32] In Anlehnung an MOCKENHAUPT (2021), S. 57; MAINZER/KAHLE (2022), S. 5.

3.3 Geschichtlicher Hintergrund

Betrachtet man die historische Entwicklung der KI, so sind verschiedene Entwicklungsstufen zu erkennen, die im Folgenden exemplarisch dargestellt und beschrieben werden. Hierzu werden in Abbildung 3.2 unterschiedliche zeitliche Meilensteine abgebildet und die zu diesen Zeitpunkten stattfindenden historischen Ereignisse visualisiert.

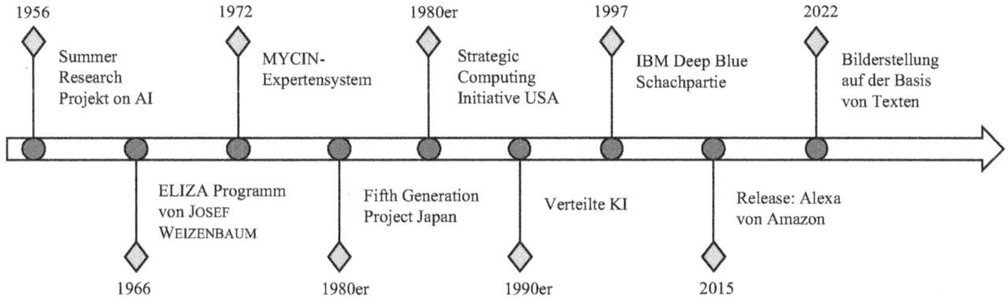

Abbildung 3.2 Historische Entwicklungsmeilensteine der KI[33]

Mit dieser vergangenheitsbezogenen Betrachtung der KI-Entwicklung soll dem Leser ein nochmals tieferes Grundverständnis für die Technologie vermittelt werden.

Der Begriff „Artificial Intelligence" kann auf den US-amerikanischen Informatiker JOHN MCCARTHY zurückgeführt werden, der im Jahr 1956 eine KI-Konferenz mit dem Namen „Summer Research Project on Artificial Intelligence" am Dartmouth College in Hanover (New Hampshire) organisierte.[34] An dieser sechswöchigen Konferenz nahmen renommierte Experten teil, wie der KI-Forscher MARVIN MINSKY (1927–2016), der Informationstheoretiker CLAUDE SHANNON (1916–2001), der Kognitionspsychologe Alan Newell (1927–1992) sowie HERBERT SIMON (1916–2001), der den späteren Nobelpreis für Ökonomie gewann. Getrieben von der gemeinsamen Vorstellung eine menschenähnliche, künstliche Intelligenz zu entwickeln, wurde während der Konferenz versucht herauszufinden „[…] how to make machines use language, form abstractions and concepts, solve kinds of problems now reserved for humans, and improve

[33] In Anlehnung an DAHM/TWESTEN (2023), S. 6.

[34] Vgl. auch im Folgenden MIEBACH (2020), S. 189; BUXMANN/SCHMIDT (2021), S. 4; MOCKENHAUPT (2021), S. 62.

themselves."[35] Auch wenn sich die Experten uneinig darüber waren, wie sie ihre Vision konkret erreichen können und der von McCarthy vorgeschlagene Begriff Artificial Intelligence bis heute umstritten ist, wird die Konferenz als akademische Geburtsstunde der KI angesehen.[36] Die Jahre nach der Dartmouth Conference waren von Euphorie geprägt, da im Bereich der KI nicht erwartete Fortschritte gemacht wurden.[37] Zu dieser positiven Entwicklung beigetragen hat u. a. das von Josef Weizenbaum entwickelte Programm ELIZA, welche erstmalig eine Mensch-Maschine-Kommunikation über natürliche Sprache ermöglichte und heute als Vorstufe der sog. Chatbots gilt.[38] Diese KI getriebene Euphorie mündete allerdings in Ernüchterung, da Entwicklungserwartungen u. a. aufgrund von fehlenden Rechenleistungen nicht erfüllt wurden oder notwendiges Hintergrundwissen fehlte.[39] Nach Humm et al. „[…] passierte, was passieren muss, wenn unrealistische Erwartungen aufgeblasen und Versprechungen maßlos überzogen werden […] es folgte eine Desillusionierung, verbunden mit einem Kollaps des KI-Markts."[40] Dieser Misserfolg der KI führte letztendlich dazu, dass Forschungsgelder massiv zurückgestellt wurden, weswegen der Zeitraum von 1965 bis etwa 1975 auch als KI-Winter bezeichnet wird.[41] Mit der Entwicklung sog. Expertensysteme in den achtziger Jahren wurde die KI-Entwicklung wieder vorangetrieben und die Forschungseuphorie wieder entfacht.[42] Expertensysteme sollten hierbei dem Menschen helfen, fachspezifische Problemstellungen zu lösen, indem sie regel- und wissensbasierte Handlungsempfehlungen abgaben.[43] In dem Zusammenhang entwickelten die Forscher Edward Feigenbaum, Bruce Buchanan und Edward Shortliff das sog. MYCIN-System, welches Diagnose- und Therapieentscheidungen bei Blutinfektionskrankheiten oder

---

[35] McCarthy et al. (1955), o. S.

[36] Vgl. DFKI (2017), S. 29. So vermieden auch einige Informatiker oder Softwareentwickler den Begriff „Artificial Intelligence", um nicht als „wilde Träumer" dargestellt zu werden. Vgl. hierzu Wennker (2020), S. 6.

[37] Vgl. Wennker (2020), S. 2. Insbesondere Forscher wurden aufgrund dieser positiven Entwicklungstendenzen mehr als positiv gestimmt. So sagte der US-amerikanische Sozialwissenschaftler Herbert A. Simon „[…] machines will be capable, within twenty years, of doing any work that a man can do." Simon (1965), S. 96.

[38] Vgl. Dahm/Twesten (2023), S. 6.

[39] Vgl. Wennker (2020), S. 3; Buxmann/Schmidt (2021), S. 5.

[40] Humm et al. (2022), S. 14.

[41] Vgl. Kirste/Schürholz (2019), S. 24; Dahm/Twesten (2023), S. 6.

[42] Vgl. Buxmann/Schmidt (2021), S. 5.

[43] Vgl. auch im Folgenden Dahm/Twesten (2023), S. 6 f.

Meningitis unterstützen sollte.[44] Auch wenn das System bessere Entscheidungen als unerfahrene Ärzte treffen konnte, kam das MYCIN-System aufgrund nicht erfüllter ethischer und rechtlicher Erfordernisse in der Praxis nie zum Einsatz, sondern wurde lediglich als Basis für weitere Expertensysteme genutzt.[45] Mit Beginn der 1980er Jahre setze Japan ein erstes klares Signal in Richtung einer KI-Spitzenforschung, indem es zur Entwicklung praxisorientierter KI-Anwendungen ein 400 Mio. US-Dollar schweres Projekt namens „Fifth Generation Project" initiierte.[46] Dies führte letztendlich dazu, dass andere Nationen ihre eigene technologische Machtposition in Frage stellten und eigene KI-Initiativen starteten, wie z. B. die „Strategic Computing Initiative", die von der US-Regierung mit einer Milliarde US-Dollar subventioniert wurde.[47] In den 1990er Jahren konnten dann weitere KI-bezogene Fortschritte erzielt werden. Mit der verteilten KI, deren Ansatz auf Marvin Minsky zurückzuführen ist, wurde die Basis für die sog. Agententechnologie geschaffen, die simulationsbasierte Analysen in unterschiedlichen Untersuchungsbereichen ermöglichte.[48] Darüber hinaus konnten im Bereich der Robotik essenzielle Entwicklungsziele erreicht werden, sodass es bspw. erstmals technisch möglich wurde, Roboter im Rahmen eines Fußballturniers gegeneinander antreten zu lassen. Durch die Entwicklung komplexer Algorithmen konnten in dieser Entwicklungsphase zugleich Fortschritte im Bereich der künstlichen neuronalen Netze verzeichnet werden.[49] Für große öffentliche Aufmerksamkeit sorgte hingegen das im Jahr 1997 durchgeführte Schachturnier zwischen dem damaligen Schachweltmeister Garri Kasparov und dem von IBM entwickelten Computer „Deep Blue". Der Computer konnte das Duell knapp für sich entscheiden, was dazu führte, dass in den Medien regelmäßig vom Sieg des Computers über die Menschheit gesprochen wurde. Die fortschreitende Digitalisierung in den 2000er Jahren und die damit verbundene Zunahme des weltweiten Datenaufkommens führten nochmals zu einem weiteren Entwicklungsschub der KI, da bisherige Datenanalysemethoden- oder

---

[44] So konnte das System über einen vom Arzt beantworteten Fragenkatalog (Ja-Nein-Fragen) etwaige Bakterieninfektionen ableiten und entsprechende Antibiotika inklusive Dosierung empfehlen. Vgl. hierzu Wennker (2020), S. 4.

[45] Vgl. Wennker (2020), S. 4.

[46] Vgl. Dahm/Twesten (2023), S. 7.

[47] Ziel der Strategic Computing Initiative war es, innerhalb von zehn Jahren eine voll funktionsfähige, maschinell gesteuerte Intelligenz zu erschaffen. Vgl. hierzu Wennker (2020), S. 5.

[48] Vgl. auch im Folgenden Buxmann/Schmidt (2021), S. 5 f. Vgl. hierzu ferner auch Wennker (2020), S. 5 f.

[49] Vgl. hierzu Abschnitt 3.4.1.

Verfahren als nicht mehr ausreichend oder sinnstiftend erachtet wurden.[50] So nahmen KI-Anwendungen nicht nur vermehrten Einzug in unseren Alltag, sondern wurden auch zunehmend von großen Technologieunternehmen wie Amazon, Google, Apple und Facebook entwickelt wie auch eingesetzt.[51] Eine nennenswerte Errungenschaft ist in dem Zusammenhang „Amazon Echo“, welches mit dem Sprachassistenten „Alexa“ im Jahre 2015 entwickelt wurde. Die derzeitigen KI-Anwendungen sind hingegen bereits technisch so weit gereift, dass sie vielseitige Aufgaben übernehmen können, wie z. B. die Erstellung von Bildern auf Basis von Texten oder das Steuern von Fahrzeugen.[52]

3.4 Ebenen der Leistungserbringung

3.4.1 Künstliche Neuronale Netze

Nach HECHT und DESNIZZA stellt der sog. Konnektionismus „[…] ein Modell des Gehirns vor, das nicht mehr an eine bestimmte Hardware gebunden ist, sondern inspiriert durch Ergebnisse aus Neurophysiologie und Computersimulation, sozusagen in der Lage ist, ein virtuelles Modell zu bauen.“[53] Diesem Modell liegen sog. Künstliche Neuronale Netze[54] zugrunde, die als Verfahren der schwachen KI versuchen, die Funktionsweise des menschlichen Gehirns nachzuempfinden und über effiziente Algorithmen maschinelles Lernen zu ermöglichen.[55] Folglich geht es bei dem sog. Konnektionismus nicht darum, „[…] das Gehirn zu simulieren, sondern eine virtuelle Maschine zu bauen, die intelligente Leistungen vollbringt und dadurch erklären kann, wie im Prinzip mentale Prozesse zustande kommen könnten.“[56] Historisch betrachtet können KNN auf WARREN

[50] Vgl. auch im Folgenden WENNKER (2020), S. 6 f.; DAHM/TWESTEN (2023), S. 7.

[51] Die KI-Services werden in der Regel auf Basis eines Pay-per-Use Zahlungsmodells angeboten, was bedeutet, dass Dienste wie die Umwandlung von Stimme in Textform oder zur Objekterkennung über ein Software-as-a-Service-Modell bezogen werden müssen. Vgl. hierzu HUMM et al. (2022), S. 19 f.

[52] Hierzu präsentierte im Jahre 2022 die Ausstellung „Artificial Imagination“ in der Bitforms Gallery in San Francisco eine Auswahl von Bildern, die über Bild- und Textgenerierungsprogramme erzeugt wurden. Umstritten ist allerdings, ob es sich hierbei wirklich um Kunst handelt. Vgl. hierzu JÄGGI (2023), S. 24.

[53] HECHT/DESNIZZA (2012), S. 186.

[54] Der Begriff wird im Folgenden mit „KNN“ abgekürzt.

[55] Vgl. MIEBACH (2020), S. 222; MOCKENHAUPT (2021), S. 155.

[56] HECHT/DESNIZZA (2012), S. 186.

McCulloch (1898–1969) und Walter Pitts (1923–1969) zurückgeführt werden, die es im Jahr 1943 erstmalig schafften, ein mathematisches Neuronenmodell zu entwickeln, welches als konzeptionelle Basis für den Bau von KNN genutzt werden konnte.[57] Als wichtiges Teilgebiet der KI[58] bieten KNN einige Vorteile. So können sie als selbstlernende Systeme mit Daten trainiert werden, um z. B. Bilder und Muster eigenständig zu erkennen.[59] Zusätzlich weißen sie eine hohe Fehlertoleranz wie auch eine schnelle Verarbeitungsgeschwindigkeit auf und können vielseitige Aufgaben übernehmen.[60] Auch wenn zur Aufgabenbewältigung eine Vielzahl an KNN samt zugehörigerer Algorithmen zur Verfügung stehen, stellt der sog. Backpropagation-Algorithmus aufgrund seiner universellen Einsetzbarkeit das am häufigsten genutzt neuronale Modell dar.[61]

Exemplarisch ist hierzu in Abbildung 3.3 ein sog. Backpropagation-Netz dargestellt, dessen Funktionsweise im Folgenden kurz erläutert wird.

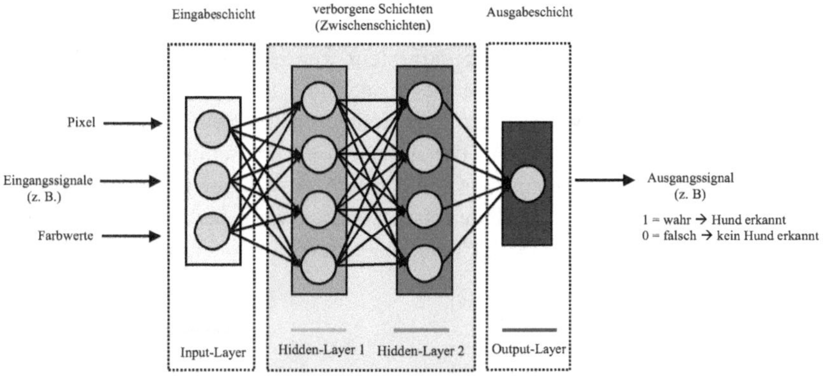

Abbildung 3.3 Aufbau eines KNN mit vier Schichten[62]

Für die grundlegende Funktionsweise eines solchen neuronalen Netzes wird eine Schicht mit Neuronen zur Dateneingabe (Input-Layer) als auch eine Schicht

[57] Vgl. Hecht/Desnizza (2012), S. 187; Ertel (2021), S. 285.

[58] Vgl. Dahm/Twesten (2023), S. 10.

[59] Vgl. Dahm/Twesten (2023), S. 10; Mockenhaupt (2021), S. 156.

[60] Vgl. Grätz (2021), S. 23.

[61] Vgl. Ertel (2021), S. 313.

[62] Eigene Darstellung in Anlehnung an Grätz (2021), S. 24; Mockenhaupt (2021), S. 157.

mit Neuronen zur Datenausgabe (Output-Layer) benötigt.[63] Zwischen den beiden Schichten können wiederum unterschiedlich viele verdeckte Schichten (Hidden-Layer) liegen, die ebenfalls mit Neuronen bestückt sind. Während die Daten der Input- und Output-Layer sichtbar sind und somit weiterverarbeitet werden können, verbleiben die Resultate der Hidden-Layer so lange im Verborgenen, bis sie mit den Ergebnissen der Output-Layer offenbart werden. Die einzelnen Neuronen werden dabei zu Synapsen miteinander verbunden und bekommen jeweils einen sog. Schwellenwert-Parameter wie auch eine Transformationsfunktion zugeteilt.[64] Gemäß dem Vorbild biologischer Neuronen werden alle Werte, die in ein Neuron eingehen „[…] im Hinblick auf ihre Gewichtung und den Schwellenwert des jeweiligen Neurons zu einer Ausgabe verarbeitet, die es dann wiederum an mehrere Neuronen der Folgeschicht weitergibt.“[65] Die Gewichtung sorgt in dem Zusammenhang für die Klassifizierung der Eingangswerte und entscheidet im Datenausgang darüber, ob und welche weitere Neuronen in den dahinterliegenden Hidden-Layer aktiviert werden.[66] Dieser Prozess wird dann bis zur letzten Ebene der sog. Ausgabeschicht fortgeführt in welcher die KNN-Ergebnisse aufgenommen und zur weiteren Verarbeitung dargestellt werden. Die Architektur[67] eines KNN kann dabei entweder flach oder tief ausgestaltet sein. Während die Tiefe die Anzahl der definierten Zwischenschichten im neuronalen Netz beschreibt, basiert die Breite eines Modells „[…] auf der Anzahl von Verarbeitungspunkten in den definierten Zwischenschichten sowie den Ein- und Ausgängen pro Verarbeitungspunkt.“[68] Besitzt das Modell demnach besonders viele verborgene Schichten (Hidden-Layer), so kann es als tief bezeichnet werden, wobei die Begriffe Deep

[63] Vgl. auch im Folgenden MOCKENHAUPT (2021), S. 157; DAHM/TWESTEN (2023), S. 10. Eingabewerte können z. B. die Farbwerte oder Pixel eines Bildes sein, während der Ausgabewert die Aussage trifft, ob auf diesem Bild ein Hund zu erkennen ist (1 für wahr – Hund erkannt) oder nicht (0 für falsch – kein Hund erkannt). Vgl. hierzu KIRSTE/SCHÜRHOLZ (2019), S. 31.

[64] Vgl. GRÄTZ (2021), S. 24. Die Transformationsfunktion beinhaltet die Propagierungs-, Aktivierungs- und Outputfunktion. Vgl. hierzu SCHMIDT/KLÜVER/KLÜVER (2010), S. 139. Vgl. hierzu ferner auch MIEBACH (2020), S. 224.

[65] KIRSTE/SCHÜRHOLZ (2019), S. 32.

[66] Vgl. auch im Folgenden KIRSTE/SCHÜRHOLZ (2019), S. 32; GRÄTZ (2021), S. 24 f.; MOCKENHAUPT (2021), S. 157; DAHM/TWESTEN (2023), S. 11.

[67] Diesen Begriff verwendet etwa ERTEL im Kontext des sog. Deep Learning. Vgl. hierzu ERTEL (2021), S. 322.

[68] DAHM/TWESTEN (2023), S. 11.

Neural Network und Deep Learning auf diese topologische Ausgestaltung zurückgeführt werden können.[69] Darüber hinaus müssen KNN, die zunächst leer sind, maschinell angelernt werden, um gewünschte Funktionalitäten zu erfüllen.[70] Der Lernprozess besteht hierbei darin, die Gewichtungen an jedem einzelnen Neuron schrittweise zu justieren, bis gewünschte Zielergebnisse erreicht werden. Eine Trainingsmöglichkeit stellt dabei die eingangs erwähnte Backpropagation dar, die zu den überwachten Lernmethoden zählt. Ziel dieses Lernalgorithmus ist es, die Gewichtungen innerhalb des Netzes so lange anzupassen, bis die Abweichung zwischen erwartetem und errechnetem Ausgabewert ausreichend gering wird. Dieser Lernprozess erfordert allerdings, dass zu allen verwendeten Eingabewerte auch die korrekten Ausgabewerte vorliegen, da nur so eine abweichungs- bzw. fehlerorientierte Feinjustierung der neuronalen Gewichtungen erfolgen und somit ein gewünschtes Ergebnis erreicht werden kann.

3.4.2 Maschinelles Lernen

Nach AU und HIESE wird unter Maschine Learning[71] „[…] ein Teilgebiet der KI verstanden, das mittels Algorithmen Daten eigenständig analysiert, daraus lernt und auf Basis dessen neue Aussagen sowie Vorhersagen treffen kann.“[72] Während in der Vergangenheit eine computergestützte Datenverarbeitung primär strukturiert über hierarchische Baumstrukturen (Wenn-Dann-Beziehungen) ablief

[69] Vgl. hierzu Abschnitt 3.4.3. Deep Learning Anwendungen können z. B. Kunstwerke, Texte und Musik erzeugen und somit im Kreativbereich eingesetzt werden. Hingegen stellen Convolutional Neural Networks oder Deep Belief Networks, wie auch Variationen davon, Verfahren des Deep Learning dar. Vgl. hierzu ERTEL (2021), S. 322, 331.

[70] So müsste ein KNN erst über Trainingsdaten (z. B. 10.000 Bilder mit und ohne Hund) angelernt werden, um später bei neuen und unbekannten Bildern eigenständig entscheiden zu können, ob ein Hund abgebildet ist oder nicht. Vgl. hierzu KIRSTE/SCHÜRHOLZ (2019), S. 32.

[71] Der Begriff wurde erstmalig von ARTHUR LEE SAMUEL im Jahre 1959 im Rahmen einer Dame-Spielprogrammentwicklung bei IBM verwendet. Nach ihm ist Maschinelles Lernen „Ein Forschungsgebiet, das Computer in die Lage versetzen soll, zu lernen, ohne explizit darauf programmiert zu sein.“ MOCKENHAUPT (2021), S. 133. Im Folgenden wird der Begriff mit „ML“ abgekürzt.

[72] AU/HIESE (2021), S. 26. Ein Algorithmus ist hierbei eine programmierte Anweisung, wie zugrunde liegende Daten verarbeitet und zu einem angestrebten Ergebnis führen sollen. Vgl. hierzu DAHM/TWESTEN (2023), S. 11.

und Maschinen nicht das Potenzial aufwiesen, Muster oder Gesetzmäßigkeiten eigenständig aus den Daten abzuleiten, eröffnet maschinelles Lernen nun völlig neue Möglichkeiten, vor allem im Rahmen von unstrukturierten Problemstellungen, die nicht einfach über Wenn-Dann-Schleifen gelöst werden können.[73] Vielmehr können mithilfe von ML und der damit verbundenen datenorientierten Wissensextraktion individuelle Problemlösungen über das Erkennen von Mustern, Zusammenhängen und Klassifikationen erreicht werden.[74] Auch wenn ML-Verfahren keine programmierte Anleitung benötigen, da sie algorithmisch aus zugrunde liegenden Datenbeständen erlernt werden[75], ist dennoch menschliche Intervention gefragt, da das ML-Modell zum einen mit spezifischen Trainingsdaten „gefüttert“[76] werden muss, um eine vorgegebene Aufgabenstellung zu lösen[77], zum anderen aber auch vordefinierte Regeln benötigt, damit das System weiß, wie z. B. eine genaue Vorhersage getroffen werden soll.[78] Im Rahmen von ML werden hierzu selbst-adaptive Algorithmen verwendet, die über eigenständige Lernfähigkeiten kontinuierliche Verbesserungsprozesse vorantreiben und dadurch Aufgabenstellungen optimiert lösen.[79] In dem Zusammenhang kann zwischen verschiedenen Lernarten von Algorithmen unterschieden werden, die in Abbildung 3.4 dargestellt sind und im Folgenden kurz erläutert werden.

Bei dem Prinzip des überwachten Lernens (Supervised Learning) wird das zugrunde liegende Modell mithilfe von Trainingsdaten auf eine vordefinierte Zielvariable hintrainiert.[80] Ziel ist es hierbei „[…] generelle Regeln zu finden, welche die bekannten Eingabedaten mit den gewünschten Ausgabedaten verbindet, und im Anschluss diese Regeln zu verwenden, um mit neuen Eingabedaten neue

---

[73] Vgl. MOCKENHAUPT (2021), S. 134.

[74] Vgl. GEORGOPOULOS/GEORG (2021), S. 22; RIEBLING (2022), S. 1737. „So kann ML die Diagnose von Krankheiten unterstützen, Therapievorschläge entwickeln oder bei der Entwicklung von Medikamenten helfen.“ HUMM et al. (2022), S. 18 f.

[75] Vgl. AU/HIESE (2021), S. 26.

[76] Hierbei konstatiert NEUHAUS, dass „die Qualität der Ergebnisse eines maschinellen Lernverfahrens […] mit der Menge der verarbeiteten Beispiel- bzw. Trainingsdaten [steigt; Anm. d. Verf.].“ NEUHAUS (2018), o. S.

[77] Vgl. MIEBACH (2020), S. 213.

[78] Vgl. MOCKENHAUPT (2021), S. 134.

[79] Vgl. DAHM/TWESTEN (2023), S. 11.

[80] Vgl. auch im Folgenden KIRSTE/SCHÜRHOLZ (2019), S. 25 f.; BUXMANN/SCHMIDT (2021), S. 11 f.; DAHM/TWESTEN (2023), S. 12 f.; MOCKENHAUPT/SCHLAGENHAUF (2024), S. 174 ff.

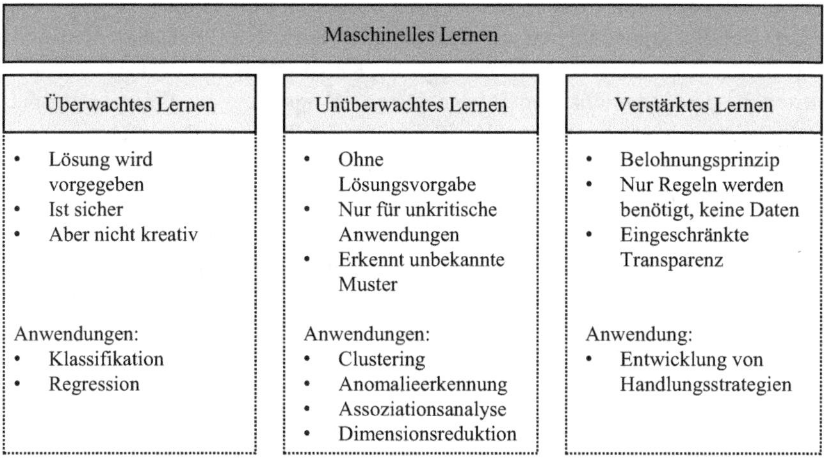

Abbildung 3.4 Maschinelle Lernarten[81]

Ausgaben zu erstellen."[82] Durch diesen eigenständigen und datengetriebenen Lernprozess wird es möglich Prognosen über zukünftige und bisher unbekannte Eingabe- und Ausgabedaten zu erstellen, wobei die Güte des trainierten Modells mithilfe von Testdaten überprüft werden kann. Modelle, die solche Vorhersagen treffen können und z. B. im Bereich der Preisentwicklung, prädiktiven Instandhaltung oder Bilderkennung eingesetzt werden, sind sog. Regressions- oder Klassifikationsmodelle. Der Unterschied zwischen beiden Verfahren liegt darin, dass Regressionsmodelle Prognosen über stetige Werte erlauben (z. B. Einkommensentwicklung einer Person), während bei der Klassifikation vorhergesagte Werte einer bestimmten Klasse zugeordnet werden (z. B. Kreditwürdigkeit über die Eingabewerte Einkommen und Ersparnisse). Beim unüberwachten Lernen (Unsupervised Learning) werden dem Modell hingegen keine Zielwerte vorgegeben, sondern lediglich Lerndaten zur Verfügung gestellt, in denen Muster und Zusammenhänge gefunden und daraus neue Erkenntnisse gewonnen werden

[81] In Anlehnung an Dahm/Twesten (2023), S. 12; Mockenhaupt/Schlagenhauf (2024), S. 175.

[82] Kirste/Schürholz (2019), S. 25.

sollen.[83] Ein Verfahren, das hierbei oftmals zum Tragen kommt, ist das sog. Clustering, welches Ähnlichkeiten zur Klassifikation aufweist. Der Hauptunterschied liegt darin „[…], dass beim Clustering die Klassifikationsklassen erst dadurch entstehen, dass Ähnlichkeiten in den Daten erkannt und zu Gruppen zusammengefasst werden."[84] Weitere Verfahren, die im Rahmen des unüberwachten Lernens Anwendung finden, sind die Anomalieerkennung, Assoziationsanalyse oder Dimensionsreduktion.[85] Die dritte Art des Maschinenlernens ist das verstärkende Lernen (Reinforcement Learning). Diese Lernvariante verfolgt das Ziel, über ein Belohnungs- und Anreizsystem optimierte Strategien für eine gegebene Problemstellung zu entwickeln. Das Modell benötigt hierzu weder einen vorgegebenen Lösungsweg noch umfangreiche Lerndaten[86], da der Algorithmus über einen Trial-and-Error Ansatz selbst die Datenbasis bildet und sich über Belohnungssignale schrittweise verbessert. Dem Algorithmus, so konstatieren Buxmann und Schmidt, wird folglich nicht gezeigt, „[…] welche Aktion in welcher Situation die beste ist. Vielmehr erhält er zu bestimmten Zeitpunkten auf Basis der Anreizfunktion eine Rückmeldung auf die gewählte Aktion – entweder eine Belohnung oder eine Strafe."[87] Für diesen Lernprozess müssen allerdings die (Spiel-)Regeln bekannt sein, da zum einen der aktuelle Umgebungszustand nach diesen spezifiziert werden muss (z. B. die Figurenstellung in einem Schachspiel) und zum anderen mögliche Handlungsalternativen wie auch Umweltzustände (z. B. die möglichen Spielzüge auf Basis der Schachregeln) regelkonform aufgezeigt werden müssen. Die Aufgabe des Algorithmus ist es dann, diejenigen Handlungen zu finden, die seine spezifizierte Anreizfunktion (z. B. Gewinnen des Schachspiels) maximieren. Durch diese Vorgehensweise

[83] Ein aktives Datentraining der Maschine findet demnach nicht statt. Vgl. hierzu Kirste/Schürholz (2019), S. 26.

[84] Kirste/Schürholz (2019), S. 29. Dadurch wird es z. B. möglich das online-Kaufverhalten von Nutzern zu prognostizieren und ein Empfehlungssystem für diverse Produkte zu erstellen. Vgl. hierzu Kirste/Schürholz (2019), S. 29.

[85] Die Dimensionsreduktion, welche als eine Art Komprimierverfahren betrachtet werden kann, versucht unrelevante Datenkomponenten in einem Datensatz herauszufiltern, um dadurch z. B. die Dateigröße zu reduzieren. Vgl. hierzu Buxmann/Schmidt (2021), S. 11. Während die Assoziationsanalyse hilft, Elemente zu identifizieren, die häufig miteinander auftreten (z. B hilfreich im Marketing zur verhaltensbasierten Segmentierung von Kunden), können über Anomalien Muster und Abweichungen (sog. Outliners) erkannt werden. Vgl. hierzu Mockenhaupt/Schlagenhauf (2024), S. 325.

[86] Dieser Lernansatz führt folglich zu weniger Aufwand, da umfängliche Daten weder beschafft noch erzeugt werden müssen. Vgl. hierzu Mockenhaupt/Schlagenhauf (2024), S. 177.

[87] Buxmann/Schmidt (2021), S. 12.

„[...] können ohne menschliches Vorwissen komplexe Probleme gelöst werden und sogar vollkommen neue Erkenntnisse gewonnen werden: der Beginn einer maschinellen Kreativität.“[88]

3.4.3 Deep Learning

Deep Learning[89] und ML sind unterschiedliche Lernmechanismen, die differenziert voneinander betrachtet werden müssen. Nach der Definition von MOCKENHAUPT und SCHLAGENHAUF bezeichnet Deep Learning „[...] die Fähigkeit von IT-Systemen, über neuronale Netze vollkommen selbständig zu lernen und sich autonom zu verbessern, ohne explizit mit Regeln hierfür programmiert worden zu sein.“[90] Auch wenn beide Verfahren Algorithmen nutzen, um Daten zu analysieren und daraus zu lernen[91], differenziert sich Deep Learning nach der Auffassung der beiden Autoren dadurch, dass menschliche Interventionen (z. B. Programmiereingriffe) zum Durchführen von Anpassungen innerhalb des Lernprozesses nicht mehr erforderlich werden, da DL seine dynamischen Lernalgorithmen eigenständig verändern kann.[92] Microsoft fasst den Unterschied zwischen beiden Lernmechanismen wie folgt zusammen: „Der entscheidende Unterschied liegt darin, ob [...] der Mensch in den Lernvorgang eingreift: Beim Machine Learning greift der Mensch in die Analyse der Daten und den eigentlichen Entscheidungsprozess ein. Im Gegensatz dazu sind Deep-Learning Modelle in der Lage, von sich aus zu lernen. [...] bei diesem Lernvorgang greift der Mensch nicht ein, das Analysieren wird der Maschine überlassen.“[93] Technisch

[88] MOCKENHAUPT/SCHLAGENHAUF (2024), S. 177. Ein bekanntes Beispiel dafür ist die Spielsoftware AlphaGo Zero, die das Spiel Go mithilfe von verstärktem Lernen innerhalb von nur drei Tagen erlernte und im Spiel gegen sich selbst bisher unbekannte Spielzüge und -varianten entdeckte. Die Software wurde dadurch nicht nur besser als die Vorgängerversion, sondern sie entwickelte zugleich eine Spielstärke, die die menschliche bei Weitem übertraf. Vgl. hierzu KIRSTE/SCHÜRHOLZ (2019), S. 29; MOCKENHAUPT/SCHLAGENHAUF (2024), S. 178.

[89] Als Begründer dieses Verfahrens gelten GEOFFREY HINTON, YANN LECUN und YOSHI BENGIO, die bereits im Jahr 2004 damit begonnen haben ihr KI-Expertenwissen miteinander zu teilen. Vgl. hierzu MIEBACH (2020), S. 234.

[90] MOCKENHAUPT/SCHLAGENHAUF (2024), S. 191.

[91] Vgl. hierzu Abschnitt 3.4.2.

[92] Vgl. auch im Folgenden MOCKENHAUPT/SCHLAGENHAUF (2024), S. 190 f. Aufgrund dessen kann Deep Learning auch als Teilmenge des ML betrachtet werden. Vgl. hierzu DAHM/TWESTEN (2023), S. 13.

[93] RONSDORF (2020), o. S.

möglich wird dieses Tiefenlernen durch mehrschichtige KNN, die es erlauben, tiefgehende Datenmuster und -korrelationen zu erkennen.[94] Dadurch können nicht nur präzisiere Ergebnisse als bei klassischen maschinellen Lernverfahren erreicht werden[95], sondern zugleich schwach oder unstrukturierte Problemstellungen gelöst werden.[96] Die neu gewonnen Erkenntnisse, die durch die neuronale Vernetzung von Daten zwischen den einzelnen Schichten entstehen, werden autonom erstellt[97], wobei das Deep Learning Verfahren hierbei stets in der Lage ist „[…] „Erfahrung" in Form von komplexen Modellen selbst zu generieren und diese über Feedbackschleifen weiterzuentwickeln."[98] Aus diesem maschinellen Erfahrungslernen (Lernen durch Fehler) können dann Prognosen erstellt werden, die eine autonome Entscheidungsfindung unterstützen.[99] Zu dieser Zwecksetzung werden häufig sog. Convolutional Neural Networks[100] verwendet, die über eine Vielzahl versteckter Schichten (Hidden-Layer)[101] verfügen und dadurch „[…] hierarchische Konzepte über mehrere Abstraktionsebenen hinweg erkennen und verarbeiten können."[102] Bildlich betrachtet werden dabei Muster nacheinander aufgefaltet (convolution) und anschließend wieder zu Gruppen ähnlicher Muster zusammengeführt (pooling).[103] Deep Learning kann dadurch vor allem bei schwach oder unstrukturierten Problemstellungen wie z. B. der Bilderkennung sein volles Potenzial entfalten. Generell ist dieser Lernmechanismus vielseitig einsetzbar und kann nicht nur für Klassifikationsprobleme, sondern auch zur Erstellung von Regressionsmodellen oder zur Bildung von Clustern herangezogen werden.[104] Erwähnt werden muss neben all diesen Vorteilen allerdings

---

[94] Vgl. auch im Folgenden DAHM/TWESTEN (2023), S. 13. Zur generellen Funktionsweise von KNN vgl. Abschnitt 3.4.1.

[95] Vgl. BUXMANN/SCHMIDT (2021), S. 14.

[96] Vgl. GLUCHOWSKI et al. (2021), S. 36 f.

[97] Vgl. NEUHAUS (2018), o. S.

[98] MOCKENHAUPT/SCHLAGENHAUF (2024), S. 191.

[99] Vgl. MOCKENHAUPT/SCHLAGENHAUF (2024), S. 191.

[100] Der Begriff wird im Folgenden mit „CNN" abgekürzt.

[101] Vgl. ERTEL (2021), S. 321 f.

[102] GLUCHOWSKI et al. (2021), S. 37.

[103] Vgl. auch im Folgenden GLUCHOWSKI et al. (2021), S. 37.

[104] Vgl. hierzu Abschnitt 3.4.2. Weitere Anwendungen von Deep Learning finden sich nicht abschließend z. B. im Bereich der Bildklassifizierung, der Spracherkennung, Handschriftenerkennung, des Natural Language Processing (NLP) zum maschinellen Übersetzen oder Verstehen von natürlicher Sprache, des autonomen Fahrens, des Marketings zur gezielten Platzierung von Werbung oder innerhalb von digitalen Assistenten wie Amazon Alexa oder Google Now. Vgl. hierzu MIEBACH (2020), S. 235.

auch, dass Deep Learning einen hohen Ressourceneinsatz[105] beim Trainieren und Verwenden von tiefen neuronalen Netzen erfordert und aufgrund seiner Modellkomplexität wenig Transparenz zulässt. So ist es für Dritte z. B. schwer nachzuvollziehen, wie die im Netz repräsentierten Merkmale miteinander verknüpft werden und wie die hierbei zum Tragen kommende Merkmalsgewichtung konkret ausgestaltet ist.[106]

105 Vgl. DAHM/TWESTEN (2023), S. 13.

106 Diese Transparenzproblematik ist aktueller Gegenstand vieler Forschungsarbeiten, da einheitlich das Ziel verfolgt wird, die Erklärbarkeit von tiefen KNN zu erhöhen.Vgl. hierzu GLUCHOWSKI et al. (2021), S. 37.

Herausforderungen der Bankenbranche im Zeitalter der Digitalisierung

4

4.1 Kundenverhalten und -erwartungen im Wandel

Die Finanzindustrie ist derzeit die Branche, die am nachhaltigsten durch die Digitalisierung beeinflusst wird.[1] Die zunehmende Verbreitung des Internets, aber auch neue technologische Möglichkeiten, wie z. B mobile Zahlungslösungen führen gerade im Bankensektor dazu, dass Kunden ihr Informations- und Kaufverhalten grundlegend ändern und ihre Erwartungshaltung gegenüber Bankprodukten und -dienstleistungen neu ausrichten.[2] Der Kunde ist „[…] anspruchsvoller, informiert sich selbständig, vergleicht, spricht Empfehlungen aus und beteiligt sich aktiv an der öffentlichen Meinungsbildung und dem Beratungs- und Verkaufsprozess."[3] Versteckte Kosten innerhalb bankspezifischer Vertragsgestaltungen geraten aufgrund seiner gestiegenen Preissensibilität zunehmend in die Kritik, sodass als eine Folge davon transparentere Finanzprodukte gefordert werden.[4] Um bestehende Verträge mit konkurrierenden Anbietern zu vergleichen und attraktive Angebote zu finden, wird der Bankkunde von heute auch selbst aktiv und nutzt hierzu spezielle Vergleichsportale.[5] Für ihn ist der Preis eines der wichtigsten Alleinstellungsmerkmale, den Banken im Wettbewerb voneinander

---

[1] Vgl. HASTENTEUFEL/HAGMANN (2020), S. 4.

[2] Vgl. BAFIN (2018a), S. 64; SCHUSTER/HASTENTEUFEL (2019), S. 79; SCHWARZ (2019), S. 229; HASTENTEUFEL/GANSTER (2021), S. 5.

[3] SCHUSTER/HASTENTEUFEL (2019), S. 80. Vgl. hierzu ferner auch STRIETZEL et al. (2017), S. 14.

[4] Vgl. auch im Folgenden HASTENTEUFEL/KISZKA (2020a), S. 13.

[5] Nennenswerte Vergleichsportale, die einen Überblick über tagesaktuelle Konditionen zur Verfügung stellen sind z. B. CHECK24 oder Financescout24. Vgl. hierzu SCHUSTER/HASTENTEUFEL (2019), S. 83.

T. M. König, *Künstliche Intelligenz in der Bankenbranche*, BestMasters,
https://doi.org/10.1007/978-3-658-50828-9_4

unterscheiden, wobei er zugleich maximale Dienstleistungs- und Produktqualität fordert. Nicht zuletzt hat die generelle Zunahme der Wechselbereitschaft und die damit verbundene Abnahme der Loyalität in der Vergangenheit dazu geführt, dass über die Hälfte der deutschen Bankkunden mindestens einmal die Bank gewechselt hat. Aufgrund dessen sind Institute dazu angehalten, ihre Angebote regelmäßig zu optimieren[6], da „[...] der Bankkunde von heute eine genaue Vorstellung davon hat, was er möchte und nicht zögert, die notwendigen Schritte einzuleiten, um eben dies zu erhalten."[7] Insbesondere jüngere Kundengruppen, die sog. Digital Natives[8], erwarten wie selbstverständlich, dass Bankdienstleistungen kostenlos und unabhängig von Zeit, Ort und Zugangskanal zur Verfügung stehen.[9] Sie möchten eigenständig, intuitiv und situationsabhängig darüber entscheiden, welchen Zugangskanal sie zur Bank nutzen und erwarten hierbei, dass ihre Daten auch anderen Systemen zur Verfügung stehen.[10] Umso wichtiger erscheint es daher, dass Banken omnikanalfähige Angebote[11] zur Verfügung zu stellen, denn[12] „[...] erst die Vernetzung aller Dienstleistungsangebote zu einem ganzheitlichen Beratungsangebot ermöglicht es, die Potenziale aller Vertriebs- und Kommunikationskanäle vollständig zu heben und die Wünsche der Kunden in den Vordergrund zu stellen."[13] Welchen Kommunikationskanal der Kunde von

[6] Vgl. WANNHOFF (2018), S. 43; JONIETZ/MESCH/PETERS (2020), S. 401.

[7] HASTENTEUFEL/KISZKA (2020a), S. 13. Ein Bankwechsel wird hierbei von Seiten der Kunden nicht längerfristig geplant, sondern insbesondere dann vollzogen, wenn Banken es verpassen Gelegenheiten zu nutzen. Vgl. hierzu OBERLE/HEIN/LAHMANN (2016), S. 20. Abwanderungstendenzen sind hierbei kaum zu vermeiden, da der Großteil der Kunden ihren Unmut nicht kommuniziert. Vgl. hierzu HASTENTEUFEL/KISZKA (2020a), S. 23.

[8] „Unter „Digital Natives" werden in Anlehnung an den Begriff „Native Speakers" (Muttersprachler) Personen verstanden, die die digitale Sprache von Computern bzw. unterschiedliche Aspekte der Digitalisierung von Kindheit an erlernt bzw. miterlebt haben." JOAS/POPOVIĆ/BÄUMER (2019), S. 107. Diese Generation umfasst die nach 1980 geborene Bevölkerungsteile und inkludiert die Generation Y und die Generation Z. Vgl. JOAS/POPOVIĆ/BÄUMER (2019), S. 107.

[9] Vgl. SCHUSTER/HASTENTEUFEL (2019), S. 80.

[10] Vgl. HASTENTEUFEL/KISZKA (2020a), S. 21; HASTENTEUFEL/KISZKA/SCHUSTER (2023), S. 289.

[11] Beim Omnichannel-Banking werden „[...] klassische Vertriebswege wie die Filiale mit der Website und innovativen Vertriebsformen wie dem Community Banking oder der Videoberatung verbunden." OBERLE/HEIN/LAHMANN (2016), S. 8.

[12] Vgl. JONIETZ/MESCH/PETERS (2020), S. 406; HASTENTEUFEL/KISZKA (2020a), S. 21; HASTENTEUFEL/GANSTER (2021), S. 5.

[13] OBERLE/HEIN/LAHMANN (2016), S. 5. Der Kunde hat durch das Omnichannel-Banking nicht nur die Möglichkeit zwischen verschiedenen Kanälen hin und herzuwechseln, sondern er kann durch die intelligente Vernetzung der verschiedenen Vertriebssysteme zugleich

heute letztendlich wählt, hängt primär von seinen Bedürfnissen ab.[14] Für ihn ist es wichtig, dass das Bankgeschäft schnell, preiswert und in geforderter Qualität abgewickelt wird. Wie die Bank diese Forderung prozessual umsetzt, ist aus Sicht des Kunden völlig irrelevant, solange seine Ansprüche am Ende erfüllt werden.[15] So muss es zur Steigerung der Kundenzufriedenheit z. B. möglich sein, Bankprodukte einfach, schnell und kanalübergreifend digital abschließen zu können.[16] Auch wenn dadurch produktbezogene Vertriebs- und Abwicklungskosten gesenkt werden können, lässt „die notwendige Standardisierung und Automatisierung der Prozesse, die zur vollständigen Integration in ein Omnikanalmanagement notwendig wären, „[...] aufgrund der erforderlichen manuellen Bearbeitungsschritte, veralteten Strukturen und fehlenden Schnittstellen bei vielen Banken, allerdings zu wünschen übrig.“[17] Aufgrund dieses Missstands verpassen Banken nicht nur die Chance, mittel- bis langfristige Effizienzen zu steigern, sondern es hindert sie zugleich daran, ihre Produktpalette optimal an den Kundenbedürfnissen auszurichten.[18] Zu beobachten ist auch, dass die Digitalisierung das finanzielle Bildungsniveau vieler Kunden vorantreibt.[19] So können über das Internet nicht nur produktbezogene Erfahrungen und Bewertungen geteilt werden, sondern der Kunde hat auch die Möglichkeit, Finanzwissen individuell und zu jeder Zeit zu genieren. Eine kritische Risiko-Nutzenabwägung integriert sich daher in den Alltag vieler Bankkunden, gerade dann, wenn über den Erwerb von finanziellen Produkten nachgedacht wird. Damit einhergehen gestiegene Ansprüche der Kunden an die Beratungsleistung von Bankmitarbeiter. Sie erwarten von ihnen nicht nur ein verständliches und interaktives Informations- oder Verkaufsgespräch[20], sondern setzen hierzu vor allem auch eine gewisse Fachexpertise voraus. Darüber hinaus ist es dem Kunden von heute wichtig, zu den passenden Anlässen, d. h.

„[...] einen einmal angestoßenen Prozess über einen anderen Kanal zu Ende führen.“ HASTENTEUFEL/HAGMANN (2020), S. 4.

[14] Vgl. SCHUSTER/HASTENTEUFEL (2019), S. 81.

[15] Vgl. HASTENTEUFEL/KISZKA/SCHUSTER (2023), S. 289.

[16] Vgl. OBERLE/HEIN/LAHMANN (2016), S. 12; WANNHOFF (2018), S. 41.

[17] HASTENTEUFEL/KISZKA (2020a), S. 21. Dies liegt nicht zuletzt daran, dass bestehende Banksysteme eine veraltete Technologiebasis aufweisen. Vgl. hierzu HASTENTEUFEL/HAGMANN (2020), S. 10.

[18] Vgl. WANNHOFF (2018), S. 40 f.; HASTENTEUFEL/KISZKA (2020a), S. 21. So führen Medienbrüche und verkomplizierte Prozesse nicht nur zu irritierten und frustrierten Kunden, sondern letztendlich auch zu deren Unzufriedenheit. Vgl. hierzu SCHUSTER/HASTENTEUFEL (2019), S. 85.

[19] Vgl. auch im Folgenden HASTENTEUFEL/GANSTER (2021), S. 5.

[20] Vgl. OBERLE/HEIN/LAHMANN (2016), S. 19.

gerade dann, wenn Informationsbedarf entsteht, von der Bank beraten zu werden.[21] Er wünscht sich eine bequeme, schnelle und flexible Beratungsleistung, was letztendlich dazu führt, dass „[...] das klassische Filialgeschäft sukzessive durch andere Vertriebskanäle ergänzt oder z. T. substituiert wird.“[22] So verlangt die Nähe zum Kunden nicht mehr zwingend eine physische Beraterpräsenz, da im Zuge des fortschreitenden Generationenwechsels virtuelle Kanäle wie z. B. Videotelefonie oder Chats zunehmend an Relevanz gewinnen.[23] Insgesamt ergibt sich für Banken die Herausforderung, dass mit dem Aufstreben der sog. Digital Natives die Filialnutzung zunehmend an Bedeutung verliert.[24] Die jüngere Generation erwartet einen „[...] hohen digitalen und mobilen Komfort“[25], sodass traditionelle Institute nicht nur ihr Angebotsportfolio überarbeiten, sondern auch ihr Customer-Relationship-Management den veränderten Gegebenheiten anpassen muss.[26] Auf der anderen Seite ergeben sich für Banken durch die Implementierung digitaler Kundenschnittstellen auch völlig neue Chancen, da Kunden stets bereit sind, ihre Daten vollumfänglich mit ihren Dienstleistern zu teilen.[27] Diese können über moderne Technologien analysiert und letztendlich dazu genutzt werden, um detaillierte Kundenprofile anzulegen und individualisierte Angebote zu erstellen. Gerade im stationären Vertrieb weißen kundenspezifische Daten einen hohen ökonomischen Wert auf, da die Kundenkenntnis aufgrund erhöhter Mitarbeiterfluktuation zunehmend schwindet. Wie diese Daten aus Bankensicht konkret genutzt werden können, um Vertriebseffizienzen zu steigern und welche Rolle KI dabei spielt, um den weiteren digitalisierungsbedingten Herausforderungen auf der Kundenseite zu begegnen, wird in Abschnitt 5.2.1 behandelt.

---

[21] Vgl. auch im Folgenden HASTENTEUFEL/KISZKA (2020a), S. 22 f.

[22] HASTENTEUFEL/GANSTER (2021), S. 5.

[23] Gerade Chat-Funktionen gewinnen bei den 18- bis 24-jährigen Kunden zunehmend an Relevanz. Vgl. hierzu OBERLE/HEIN/LAHMANN (2016), S. 17.

[24] Vgl. JOAS/POPOVIĆ/BÄUMER (2019), S. 107.

[25] HASTENTEUFEL/KISZKA (2020a), S. 11.

[26] Vgl. JOAS/POPOVIĆ/BÄUMER (2019), S. 107; HASTENTEUFEL/GANSTER (2021), S. 4 f.

[27] Vgl. auch im Folgenden HASTENTEUFEL/KISZKA (2020a), S. 22.

4.2 Herausforderungen durch neue Wettbewerber

Die Digitalisierung hat sich bereits frühzeitig und vor allem intensiv auf die Bankenbranche ausgewirkt.[28] So wurden im Zuge des digitalen Wandels nicht nur Informationsasymmetrien und Transaktionskosten reduziert, sondern damit zugleich Markteintrittsbarrieren für potenzielle Wettbewerber abgebaut.[29] Hierbei haben sich gerade im Finanzdienstleistungssektor neue Anbieter etabliert, die in Gestalt von sog. FinTechs und BigTechs die Wettbewerbssituation für Banken intensivieren und das traditionelle Bankgeschäft unter Druck setzen.[30] Der Begriff FinTech setzt sich dabei aus den beiden Termini „Financial Services" und „Technology"[31] zusammen und umfasst nach einer Definition des FINANCIAL STABILITY BOARDS „technologiebasierte Finanzinnovationen, aus denen neue Geschäftsmodelle, Anwendungen, Prozesse oder Produkte hervorgehen und die bedeutende Auswirkungen auf die Erbringung von Finanzdienstleistungen haben."[32] Weiterhin werden FinTechs als „[...] junge Unternehmen, welche mithilfe von neuartigen Technologien, Finanzdienstleistungen anbieten"[33] bezeichnet, was unterstreicht, dass in der Literatur bisher noch kein einheitliches Begriffsverständnis existiert.[34] Während FinTechs bereits automatisierte Bankdienstleistungen anbieten, kundenspezifische Problemlösungen erarbeiten und für Dritte nutzbare Plattformen zur Verfügung stellen[35], klagen vor allem deutsche Institute immer noch über niedrige Erträge und gestiegene regulatorische Anforderungen.[36] Sie verpassen dadurch wertvolle Zeit, die sie eigentlich dazu nutzen

---

[28] Vgl. HASTENTEUFEL/KISZKA (2020a), S. 7; HASTENTEUFEL/GANSTER (2021), S. 6.

[29] Vgl. WANNHOFF (2018), S. 40; HASTENTEUFEL/KISZKA (2020b), S. 64.

[30] Vgl. JOAS/POPOVIĆ/BÄUMER (2019), S. 105; MARTIN (2019), S. 13; JONIETZ/MESCH/PETERS (2020), S. 402; HASTENTEUFEL/HAGMANN (2020), S. 6; HASTENTEUFEL/KISZKA (2020a), S. 7; HASTENTEUFEL/GANSTER (2021), S. 6; SCHMIDT (2021), S. 184; HASTENTEUFEL/KISZKA/SCHUSTER (2023), S. 288.

[31] Vgl. JOAS/POPOVIĆ/BÄUMER (2019), S. 105.

[32] FINANCIAL STABILITY BOARD (2017), S. 33.

[33] JOAS/POPOVIĆ/BÄUMER (2019), S. 105. Vgl. hierzu ferner auch JONIETZ/MESCH/PETERS (2020), S. 402. BIBOW (2021), S. 42. Dieses Begriffsverständnis wird in der vorliegenden Arbeit zugrunde gelegt.

[34] Vgl. HASTENTEUFEL/HAGMANN (2020), S. 6.

[35] Vgl. BAFIN (2018a), S. 72; KNÖPFLE et al. (2020), S. 132.

[36] Vgl. auch im Folgenden HASTENTEUFEL/KISZKA (2020b), S. 68. Vgl. hierzu ferner auch HERRMANN/HEINKE (2017), S. 192.

müssten, um innovative Geschäftsmodelle zu entwickeln und Teil des digitalen Wandels zu werden. Zu konstatieren ist hierbei vor allem, dass FinTechs keine gänzlich neuen und somit unbekannten Dienstleistungen anbieten[37], sondern „sie zerlegen i. d. R. die traditionelle Wertschöpfungskette einer Bank und suchen sich einen spezifischen Teil, der derzeit entweder nicht kundenfreundlich genug und/oder ineffizient ist, um diesen zu verbessern und zu vereinfachen."[38] Im Gegensatz zu klassischen Kreditinstituten stellen FinTechs daher innovative und benutzerfreundliche Finanzprodukte mit hohem Bedienkomfort zur Verfügung und richten ihr Geschäftsmodell somit stets an den Bedürfnissen ihrer Kunden aus.[39] Als Near- oder Non-Banks sind sie oftmals auch ohne Banklizenz in verschiedenen Geschäftsfeldern der Finanzindustrie tätig[40], weshalb sie im Vergleich zu Banken geringeren regulatorischen Restriktionen unterliegen.[41] So haben Aufsichtsbehörden verschiedener Länder wie z. B. England, China, Singapur, Schweiz, USA oder Australien sog. Sandboxes für FinTechs eingerichtet, in denen sie unter eingeschränkter regulatorischer Aufsicht innovative Anwendungen ausprobieren und ihr Geschäftsmodell testen können.[42] Durch das Fehlen von regulatorischen Barrieren, wie auch das Vorhandensein von digitalen Strukturen und Prozessen wird es für FinTechs möglich, wesentlich agiler

[37] Vgl. WANNHOFF (2018), S. 40.

[38] HASTENTEUFEL/HAGMANN (2020), S. 6. Vgl. hierzu ferner auch MANZ (2017), S. 177; HILLE (2018), S. 54; KNÖPFLE et al. (2020), S. 132; LAUTERJUNG (2020), S. 250; HASTENTEUFEL/KISZKA/SCHUSTER (2023), S. 288.

[39] Vgl. WASCHBUSCH/HASTENTEUFEL/REINSTÄDTLER (2018), S. 290.

[40] Vgl. HILLE (2018), S.55; MESCH/JONIETZ/PETERS (2020), S. 421; WASCHBUSCH/HASTENTEUFEL/REINSTÄDTLER (2018), S. 290. So gewinnen FinTechs vor allem im Bereich des Zahlungsverkehrs oder im Privatkundenkreditgeschifft immer mehr an Bedeutung. Vgl. hierzu SCHMIDT (2021), S. 183. Generell lassen sich vier Geschäftsfelder identifizieren in denen FinTechs Dienstleistungen und Produkte anbieten: Finanzierung, Vermögensmanagement, Zahlungsverkehr und sonstige Finanzdienstleistungen. Vgl. hierzu JOAS/POPOVIĆ/BÄUMER (2019), S. 106.

[41] Vgl. KRAHNHOF/ZURECK (2018), S. 926; JOAS/POPOVIĆ/BÄUMER (2019), S. 105; HASTENTEUFEL/KISZKA/SCHUSTER (2023), S. 288.

[42] Vgl. HASTENTEUFEL/HAGMANN (2020), S. 6 f.; ALAASSAR et al. (2021), S. 2. „Sandboxes [...] are environments free from legal consequences in which FinTech firms can test and validate their business models without draining their resources by attempting to obtain traditional financial licenses." ALAASSAR et al. (2021), S. 2. Letztendlich handelt es sich hierbei um eine regulatorisch abgesicherte Testumgebung. Vgl. hierzu MANZ (2017), S. 172.

und dynamischer als ihre Konkurrenz aufzutreten.[43] Mit ihren schnellen, preiswerten, kundenorientierten und innovativen Finanzlösungen[44] erhöhen sie den Wettbewerbsdruck für traditionelle Kreditinstitute, die den digitalen Wandel bisher verpasst haben und somit oftmals noch an veralteten Strukturen festhalten.[45] Laut HASTENTEUFEL und GANSTER stellt dabei vor allem „[…] die historisch gewachsene, komplexe und nicht mehr zeitgemäße Soft- und Hardwarelandschaft vieler Institute, deren Umbau mit hohen Kosten verbunden ist“[46], eine große Herausforderung dar. Da es Banken in der Vergangenheit verpasst haben, diese finanziellen Aufwände in einem ausreichenden Maße zu treffen und heutige Kunden hohe Erwartungen an die technische Ausgestaltung der institutsbezogenen Infrastruktur kommunizieren[47], ist es für Banken „[…] höchste Zeit, noch intensiver als in der Vergangenheit in moderne Technologien zu investieren und sie in den Kern der Geschäftsstrategie zu integrieren.“[48] Hinzu kommt, dass neben FinTechs auch große Technologiekonzerne wie Apple, Amazon, Google oder Facebook das Geschäftsmodell vieler alteingesessenen Banken zunehmend auf den Prüfstand stellen.[49] Bei diesen sog. BigTechs handelt es sich „[…] um Unternehmen, die ursprünglich in anderen Technologiebereichen und Märkten groß geworden sind und erst später ihr Produktangebot auch auf Zahlungsverkehrsdienstleistungen ausgeweitet haben.“[50] Auch wenn diese Unternehmen eine digitale und technologieorientierte Ausrichtung genießen, werden sie aufgrund ihrer Unternehmensgröße und der schon längeren Marktexistenz nicht der Gruppe der FinTechs zugeordnet.[51] BigTechs profitieren als technologische Entwickler und Internetplattform vor allem von ihrem ausgeprägten Kundenstamm, der in ihrem Kerngeschäft begründet liegt.[52] Aufgrund der Vielzahl an Plattformnutzern stehen ihnen umfangreiche Kundendaten zur Verfügung, die über

---

[43] Vgl. JOAS/POPOVIĆ/BÄUMER (2019), S. 105.

[44] Vgl. HASTENTEUFEL/KISZKA (2020a), S. 7.

[45] Vgl. HERRMANN/HEINKE (2017), S. 192; HASTENTEUFEL/HAGMANN (2020), S. 7.

[46] HASTENTEUFEL/GANSTER (2021), S. 6.

[47] Vgl. HASTENTEUFEL/KISZKA (2020a), S. 7.

[48] HILLE (2018), S. 55.

[49] Vgl. JONIETZ/MESCH/PETERS (2020), S. 408; MARTIN (2019), S. 13; HASTENTEUFEL/HAGMANN (2020), S. 7.

[50] BIBOW (2021), S. 42.

[51] Vgl. WASCHBUSCH/HASTENTEUFEL/REINSTÄDTLER (2018), S. 290.

[52] Vgl. BIBOW (2021), S. 42.

moderne Analyseverfahren ausgewertet und letztendlich zur Entwicklung individualisierter Produkte bzw. Dienstleistungen genutzt werden können.[53] Ohnehin haben diese Plattformen „[...] ein enormes Innovationstempo und können durch ihren modularen Aufbau sehr schnell auf Kundenbedürfnisse zugeschnittene Produkte implementierten.“[54] Dem Kunden werden hierbei vor allem nutzerfreundliche, komfortable, bequeme und zuverlässige Dienstleistungen aus einer Hand angeboten[55], wobei BigTechs seit einigen Jahren neben ihrem Kerngeschäft auch banktypische Dienstleistungen vor allem im Bereich des Zahlungsverkehrs anbieten.[56] Diese inkludieren neben mobilen Bezahllösungen auch klassische Finanzierungsgeschäfte[57], die über das Plattform-Ökosystem einer Vielzahl an Nutzern einfach und schnell bereitgestellt werden können.[58] So können bspw. Kunden über Google Pay nicht nur kontaktlos mit ihrem Smartphone zahlen, sondern sie haben mit dem Produkt auch die Möglichkeit, Gelder per E-Mail zu versenden oder zu empfangen.[59] Mobile Bezahlverfahren wie z. B. Apple Pay, Samsung Pay oder auch Google Pay werden dabei als sog. Overlay-Systeme bezeichnet, da Nutzer keine sensitiven Daten mit Zahlungsdienstleistern austauschen müssen, um Gelder zwischen verschiedenen Bankkonten zu transferieren.[60] Eine E-Mail-Adresse oder die Handynummer ist dabei oftmals völlig ausreichend, um Zugriff auf das jeweilige Bankengeld zu erlangen. Darüber hinaus verleiht die Reichweite der zur Verfügung gestellten Plattformen BigTechs eine bemerkenswerte Marktmacht.[61] Möchte bspw. eine Bank über eine mobile App Zugang zu diesem Ökosystem erlangen, unterliegt sie automatisch den Richtlinien des zugrunde liegenden App-Stores. So schreibt Apples Produktpolitik seinen iPhone Nutzern bspw. vor, dass der kontaktlose Geldtransfer ausschließlich über Apple Pay getätigt werden kann. Für klassische Institute bedeutet dies, dass weiterführende Vereinbarungen mit dem Technologiekonzern getroffen werden müssen,

---

[53] Vgl. WANNHOFF (2018), S. 41. Man spricht in dem Zusammenhang auch von Netzwerkeffekten, da der Produktnutzen für einen einzelnen Konsumenten mit der Größe des Netzwerks zunimmt. Vgl. hierzu BIBOW (2021), S. 42.

[54] HASTENTEUFEL/HAGMANN (2020), S. 7.

[55] Vgl. WANNHOFF (2018), S. 41.

[56] Vgl. HASTENTEUFEL/KISZKA/SCHUSTER (2023), S. 288.

[57] Vgl. MARTIN (2019), S. 11.

[58] Vgl. HASTENTEUFEL/HAGMANN (2020), S. 7.

[59] Hierzu muss der Nutzer in dem E-Mail-System ein Bankkonto oder eine Bankkarte hinterlegen, damit darüber Gelder eingezahlt als auch abgebucht werden können. Vgl. hierzu BIBOW (2021), S. 43.

[60] Vgl. auch im Folgenden BIBOW (2021), S. 43.

[61] Vgl. auch im Folgenden HASTENTEUFEL/HAGMANN (2020), S. 7.

damit diese Schnittstelle zur Abwicklung des Zahlungsverkehrs genutzt werden kann. Eine Bank gerät dadurch nicht nur in ein gewisses vertragliches Abhängigkeitsverhältnis, sondern sie verliert zugleich die Nähe zum Kunden, da sie im Rahmen der Plattformnutzung nur noch im Hintergrund agiert.[62]

Es zeigt sich folglich, dass der digitalisierungsinduzierte Wettbewerbsdruck für Kreditinstitute zunehmend steigt. Daher, so postulieren JONIETZ et al., „[...] müssen sich Banken und Sparkassen hinsichtlich ihrer Innovationsfähigkeit deutlich stärker aufstellen als bisher. Nur so gelingt es ihnen, an FinTechs, Internetgiganten und weiteren „smarten Unternehmen" vorbeizuziehen und passgenaue, innovative Produkt- und Serviceangebote für den Kunden bereitzustellen."[63]

4.3 Zunehmende regulatorische Anforderungen

Die Bankenbranche wird derzeit vor viele neue Herausforderungen gestellt. Zum einen trägt der digitale Wandel dazu bei, dass sich die Erwartungshaltung wie auch das Informations- und Kaufverhalten von Bankkunden grundlegend verändert. Hinzu kommt, dass Technologieunternehmen in Form von FinTechs oder BigTechs mit ihren innovativen Dienstleistungen eine zunehmende Bedeutung auf dem Finanzmarkt genießen und den Wettbewerbsdruck für alteingesessene Banken erhöhen. Zum anderen müssen Banken seit der Finanzkrise im Jahr 2007 zunehmende regulatorische Auflagen erfüllen, deren Umsetzung nicht nur zeitliche, sondern vor allem auch monetäre Ressourcen bindet.[64] Zu diesen Anforderungen gehören z. B. „[...] die Weitergabe von Steuerdaten, die Einhaltung definierter Quoten der Eigenkapitalunterlegungen bei der Kreditvergabe und Mindestanforderungen für das Risikomanagement (MaRisk)[65] oder Maßnahmen zum Management operationeller Risiken [...]."[66] Im Kontext der Digitalisierung

---

[62] Vgl. HERRMANN/HEINKE (2017), S. 196.

[63] JONIETZ/MESCH/PETERS (2020), S. 402.

[64] Vgl. ALT/PUSCHMANN (2016), S. 25; HILLE (2018), S. 54; KRAHNHOF/ZURECK (2018), S. 922; JONIETZ/MESCH/PETERS (2020), S. 397; HASTENTEUFEL/HAGMANN (2020), S. 6.

[65] Die MaRisk „[...] stellen den Banken auf Basis von § 25a Kreditwesengesetz (KWG) einen ganzheitlichen und gemeinsam mit der Praxis entwickelten prinzipienorientierten Rahmen zur Verfügung, der den Instituten jedoch zugleich noch Spielräume für eine individuelle Umsetzung einräumt." BAFIN (2023), o. S.

[66] ALT/PUSCHMANN (2016), S. 25.

hat sich der Umfang der Regulationen für Banken allerdings nochmals erweitert. Mit SEPA, T2S, PSD2 und MiFID 1 und 2 sind neue Anforderungen an die Geschäftsprozesse und Systemarchitekturen der Banken entstanden, für deren Umsetzung bedeutende Projekt-Ressourcen freigestellt werden müssen.[67] Während mit SEPA der bargeldlose Zahlungsverkehr in Europa verfahrenstechnisch standardisiert wurde[68], sorgte das Projekt Target2 Securities für eine harmonisierte Wertpapierabwicklung in der EURO-Zone.[69] Hierbei konnten Banken im Bereich des Großkundengeschäfts bereits frühzeitig feststellen, dass T2S und SEPA eine marktbereinigende Wirkung entfalten können.[70] So wurden Anbieter, die es schafften, die regulatorischen Neuerungen schnell und konsequent umzusetzen, vom Markt prämiert, während andere, die lediglich einem Mindeststandard folgten oder sich erst spät um eine regulatorische Umsetzung kümmerten, im Wettbewerb zurückfielen. Mit der zweiten Zahlungsdiensterichtlinie (PSD2) wurde hingegen die Beziehung zwischen Banken und FinTechs signifikant beeinflusst, da Banken verpflichtet wurden, ihre Kundenkonten für Drittparteien zu öffnen.[71] Hierzu fordert die PSD2-Richtlinie entsprechende Schnittstellen (APIs), die von den kontoführenden Instituten für Drittdienstleister vorgehalten werden müssen.[72] Problematisch ist hierbei nicht nur, dass Banken dadurch „[...] ihr exklusives Recht auf Kunden- und Kontoinformationen und damit einen wesentlichen Wettbewerbsvorteil [...]"[73] verlieren, sondern sie laufen zugleich Gefahr, aus dem Blickfeld der Kunden zu gelangen, wenn sie neben dem reinen Kontoführungsangebot keine weiteren innovativen Produkte anbieten.

---

[67] Vgl. MANZ (2017), S. 171.

[68] Vgl. BRÜHL (2017b), S. 11.

[69] Vgl. REIDEL (2017), S. 154.

[70] Vgl. auch im Folgenden MANZ (2017), S. 172.

[71] Vgl. STRIETZEL et al. (2017), S. 14.

[72] Vgl. auch im Folgenden HERRMANN/HEINKE (2017), S. 192; KAUPP/GIERA (2017), S. 255; MESCH/JONIETZ/PETERS (2020), S. 424. Letztendlich werden Banken mit der PSD2 dazu gezwungen „[...] die bilaterale Kuindenbeziehung [sic] zu öffnen und das Management von offenen Schnittstellen zu professionalisieren." KORSCHINOWSKI/CONREDER/SCHWITTAY (2017), S. 318. Diese Schnittstellen müssen Banken seit dem 14. September 2019 bereitstellen, wobei Transaktionsdaten nur freigegeben werden, wenn der Kunde dies explizit wünscht. Vgl. FRIEDRICH/HIESE/DREßLER/WOLFENSTETTER (2021), S. 54. Letztendlich führt PSD2-Richtlinie zu einer erhöhten Datenverfügbarkeit, da Kreditinstitute durch das Einverständnis des Kunden die Möglichkeit bekommen Transaktionsdaten von anderen Banken abzurufen und zu analysieren. Vgl. hierzu BAFIN (2018a), S. 82.

[73] KAUPP/GIERA (2017), S. 255.

MANZ konstatiert hierbei, dass die PSD2-Anforderungen im Privatkundengeschäft wie ein Katalysator wirken.[74] Auf der einen Seite zwingt der Regulator Institute zu umfangreichen Investitionen, um ihre Prozesse wie auch Systeme anzupassen, auf der anderen Seite sind Banken aufgrund der regulatorischen Veränderungen dazu angehalten, Prozess- und Produktinnovationen zu forcieren. Im Bereich des Investmentbankings und Wertpapierhandels wurden mit MiFID 2 hingegen umfangreiche Anlegerschutzvorschriften ins Leben gerufen und im Zuge dessen neue Marktinfrastrukturen gestaltet wie auch einheitliche europäische Handelssystemanforderungen definiert.[75] Gerade weil die Verkaufsregeln von Finanzprodukten im Rahmen dieser Richtlinie verschärft wurden, müssen Vermögensverwalter „[...] ihr Geschäftsmodell und ihre Prozesse verändern und automatisieren, um dadurch Kosten zu senken."[76] Die BCBS 239 Richtlinie, die im Jahr 2013 verabschiedet wurde, ist ein weiteres Beispiel für zunehmende regulatorische Anforderungen, die an Banken kommuniziert werden.[77] Hierbei hat die globale Finanzkrise gezeigt, dass die IT und die Datenarchitekturen der Institute nicht in der Lage waren, die Steuerung von finanziellen Risiken zu unterstützen. Insbesondere fehlte vielen Banken die Fähigkeit, „[...] Risikopositionen zu aggregieren und Konzentrationen schnell und genau auf Gruppenebene in Bezug auf einzelne Geschäftsfelder sowie zwischen juristischen Personen zu identifizieren."[78] Die fehlende Risikodaten-Aggregationsfähigkeit wie auch das mangelhafte Risikoreporting führten schließlich dazu, dass Institute ihre Risiken nicht ordnungsgemäß managen konnten. Aufgrund dessen wurden in BCBS 239 die bankinternen IT-Systemanforderungen strenger ausgelegt und die bankinternen Governancevorgaben konkreter definiert. So sollen Banken laut der BCBS 239-Richtlinie über ein ausgeprägtes Governance-Framework, eine risikoorientierte Datenarchitektur als auch eine IT-Infrastruktur verfügen. Empfohlen wird hierbei vor allem eine einheitliche Datenbasis, die einen schnellen und einfachen Zugriff auf aggregierte Daten erlaubt, wobei automatisierte Prozesse und eine Echtzeit-Datenverarbeitung dies unterstützen sollen.[79] Die im Rahmen der Risikoberichterstattung geforderte Datenverwaltung und -steuerung stellen traditionelle Banken vor die Herausforderung, ihre Prozesse- und IT-Systeme anzupassen, gerade weil viele von ihnen noch auf Legacy-Systeme zurückgreifen,

---

[74] Vgl. auch im Folgenden MANZ (2017), S. 172.

[75] Vgl. BORNEMANN/BRANDES (2017), S. 391.

[76] KORSCHINOWSKI/FORSTER/REULECKE (2017), S. 283.

[77] Vgl. auch im Folgenden BORNEMANN/BRANDES (2017), S. 369 f.

[78] BORNEMANN/BRANDES (2017), S. 369 f.

[79] Vgl. auch im Folgenden HERRMANN/HEINKE (2017), S. 208.

die jedoch den veränderten regulatorischen Anforderungen nicht gerecht werden können.[80] Auch wenn die Regulierung hierbei ein großer Kostentreiber im Sinne von einmaligen Umsetzungskosten oder wiederkehrenden administrativen Aufwänden darstellt[81] und primär versucht, die voranschreitende Digitalisierung zu normieren, sollten „[...] Finanzinstitute die Wechselwirkungen zwischen der Digitalisierung und der Regulierung nicht unterschätzen und versuchen, die Digitalisierung als Katalysator für die Erfüllung regulatorischer Anforderungen zu betrachten."[82]

[80] Vgl. STRIETZEL et al. (2017), S. 14. Vgl. hierzu ferner auch BaFin (2018a), S. 65.

[81] Vgl. HASTENTEUFEL/KISZKA (2020a), S. 5.

[82] HERRMANN/HEINKE (2017), S. 208.

KI in der Bankenbranche

5

5.1 Gründe für die aktuellen Durchbrüche in der KI

„Gehe mit der Zeit, sonst gehst du mit der Zeit.“[1]

Der KI wird eine hohe Relevanz für die zukünftige Wettbewerbsfähigkeit von Kreditinstituten beigemessen.[2] Nicht ohne Grund konstatiert Microsoft CEO SATYA NADELLA hierbei folgendes: „AI isn't just another piece of technology. It could be one of the world's most fundamental pieces of technology the human race has ever created.“[3] Hierbei glauben Experten, dass Banken der digitale Wandel und die damit verbundene Geschäftsmodelltransformation nur gelingen, wenn sie auf entsprechende KI-Lösungen zurückgreifen.[4] Laut FRIEDRICH, HIESE, DREẞLER und WOLFENSTETTER soll die Technologie nicht nur effizientere bzw. effektivere Prozesse fördern, sondern auch die Zerlegung fest etablierter Wertschöpfungsketten in der Bankenbranche unterstützen. „Gemeinsam mit anderen Trends wie dem digitalen Kundenerlebnis (UX/UI), Servicearchitekturen (API-Banking) und Cloud-Computing ergeben sich Chancen für neue Industriestrukturen und damit für neue digitale Geschäftsmodelle“[5], konstatieren die vier Autoren. Ohnehin steht der innovationsarme Bankensektor, wie in Kapitel 4 bereits erläutert, vor vielen Herausforderungen. So zeichnet

---

[1] HASTENTEUFEL/KISZKA (2020b), S. 68.

[2] Vgl. AU/HIESE (2021), S. 26.

[3] BÖHM (2019), o. S.

[4] Vgl. BREINICH- SCHILLY (2022), S. 59.

[5] FRIEDRICH/HIESE/DREẞLER/WOLFENSTETTER (2021), S. 49.

T. M. König, *Künstliche Intelligenz in der Bankenbranche*, BestMasters,
https://doi.org/10.1007/978-3-658-50828-9_5

sich die derzeitige Regulatorik durch eine zunehmende Anzahl an Anforderungen, eine immer größer werdende Komplexität und Interdependenz der einzelnen Vorschriften sowie eine kurze Umsetzungsfrist aus.[6] Sie stellt nicht nur einer der größten Kostenfaktoren dar, da Banken ihre veralteten Prozesse und Systeme den veränderten regulatorischen Anforderungen anpassen müssen, sondern der Regulator zwingt die Institute indirekt auch dazu, Produkt- und Prozessinnovationen voranzutreiben.[7] Darüber hinaus führt die Digitalisierung zu einer grundlegenden Verhaltensänderung der Bankkunden sowie zu neuen Erwartungen an das bankspezifische Produkt- und Dienstleistungsangebot.[8] Gerade weil bereits über 70 Prozent der heutigen deutschen Bankgeschäfte über digitale Wege abgewickelt werden, ist es kaum verwunderlich, dass der Kunde von heute innovative und komfortable Mobile-Banking-Lösungen erwartet.[9] Insbesondere die jüngeren, internetaffinen Kundengruppen, denen aufgrund des demografischen Wandels eine zunehmende Bedeutung zugesprochen werden kann[10], erwarten „[…] wie selbstverständlich, dass ihnen bestimmte Bankdienstleistungen zeitlich und räumlich unbegrenzt, kostenlos und über verschiedene Zugangswege zur Verfügung stehen.“[11] Wichtig ist es laut HASTENTEUFEL und KISZKA daher, dass Banken hochwertige Dienstleistungen über alle Kanäle hinweg anbieten, sodass ein geschlossenes Erlebnis entsteht, das den Kunden begeistert.[12] Barrieren, Medienbrüche und Wartezeiten sind laut den Autoren zu beseitigen und Kunden die Möglichkeit zu bieten, Produkte einfach schnell und ohne Hindernisse digital abzuschließen. Ziel wird es für traditionelle Institute daher sein, das klassische Banking, das oftmals noch physisch abgewickelt wird, zu digitalisieren und im Sinne des Banking 4.0 „[…] eine individualisierte Finanzlösung zu jeder Zeit und an jedem Ort zur Verfügung zu stellen, die für die Kunden günstiger, schneller und intuitiver als bisher ist.“[13] Da der Kunde von heute

---

[6] Vgl. auch im Folgenden HASTENTEUFEL/KISZKA (2020a), S. 5.

[7] Vgl. MANZ (2017), S. 172.

[8] Vgl. HASTENTEUFEL/KISZKA/SCHUSTER (2023), S. 289.

[9] Vgl. HASTENTEUFEL/KISZKA (2020b), S. 65. Laut einer Studie der DEUTSCHEN BUNDESBANK zum Zahlungsverhalten in Deutschland werden mobile Zahlungslösungen vor allem von jüngeren Nutzern im Alter von 18 bis 24 Jahren präferiert (81 %), wohingegen bei der Altersgruppe 65 Jahre und älter das webbasierte Banking dominiert (76 %). Vgl. hierzu DEUTSCHE BUNDESBANK (2022), S. 15.

[10] Vgl. HASTENTEUFEL/KISZKA (2020a), S. 21.

[11] HASTENTEUFEL/KISZKA/SCHUSTER (2023), S. 289.

[12] Vgl. auch im Folgenden SCHUSTER/HASTENTEUFEL (2019), S. 85 f.; HASTENTEUFEL/KISZKA (2020a), S. 21.

[13] HASTENTEUFEL/HAGMANN (2020), S. 4.

klare Erwartungen an das bankspezifische Produkt- und Dienstleistungsangebot stellt und eine zunehmende Wechselbereitschaft aufweist, wenn diese nicht erfüllt werden, erscheint es aus Bankensicht umso wichtiger, diesen Ansprüchen vollumfänglich nachzukommen.[14] Hinzu kommt, dass der Wettbewerbsdruck für klassische Banken mit dem Aufkommen innovativer Technologieunternehmen steigt.[15] Dabei setzen Big- und FinTechs „[...] kontinuierlich neue Standards in Bezug auf die Individualisierung und Personalisierung des Dienstleistungsangebots, die Geschwindigkeit der Prozesse und Geschäftsentscheidungen, die Interaktion zwischen Interessenten und Dienstleistern sowie auf die intuitive Verständlichkeit der Informationen."[16] Problematisch ist hierbei, dass es vielen Banken an entsprechender Agilität und Innovationskraft fehlt, da sie oftmals noch auf veraltete wie auch komplexe IT-Systeme zurückgreifen müssen.[17] Hinzu kommt, dass bei traditionellen Filialbanken oftmals eine Diskrepanz zwischen Angebot und Kundenerwartung vorliegt, sodass es fraglich bleibt, ob die Kreditinstitute überhaupt wissen, was ihre Kunden wirklich bewegt.[18] Ohnehin glauben laut einer Studie 37,89 % der befragten Kunden, dass Bankmitarbeiter nur diejenigen Produkte anbieten, die besonders rentabel sind und somit einen Beitrag zu ihren Gewinnzielvorgaben leisten.[19] Nicht verwunderlich ist es daher, dass die Mehrheit der Umfrageteilnehmer (56,90 %) denkt, dass die Banken sich nicht für ihre Wünsche interessieren.

Vor diesem Hintergrund konstatiert das Dienstleistungsunternehmen ACCENTURE im Rahmen einer Studie, dass KI die Bankenbranche revolutionieren wird. So wird die Technologie nicht nur die Wettbewerbsfähigkeit und das Wachstumspotenzial der Institute positiv beeinflussen, sondern zugleich eine wichtige Rolle bei der Digitalisierung der Geschäftsprozesse und Vertriebskonzepte der Banken einnehmen.[20] Gerade weil Kunden individualisierte Produkte und personalisierte Dienstleistungen fordern, führt laut ACCENTURE kein Weg an geschäftsmodellintegrierten KI-Lösungen vorbei. Hierbei erwarten Führungskräfte aller Banken weltweit, dass sich die KI positiv auf ihr Geschäft auswirken wird. So sind 74 % der Umfrageteilnehmer sogar davon überzeugt,

---

[14] Vgl. HASTENTEUFEL/KISZKA (2020a), S. 13; HASTENTEUFEL/KISZKA (2020b), S. 68.

[15] Vgl. HASTENTEUFEL/HAGMANN (2020), S. 6; HASTENTEUFEL/GANSTER (2021), S. 6; HASTENTEUFEL/KISZKA/SCHUSTER (2023), S. 289.

[16] FRIEDRICH/HIESE/DREßLER/WOLFENSTETTER (2021), S. 50.

[17] Vgl. HASTENTEUFEL/HAGMANN (2020), S. 5; AU/HIESE (2021), S. 27.

[18] Vgl. HASTENTEUFEL/KISZKA/SCHUSTER (2023), S. 289.

[19] Vgl. auch im Folgenden HASTENTEUFEL/KISZKA (2020b), S. 66.

[20] Vgl. auch im Folgenden ACCENTURE (2018), S. 2 f.

dass die Technologie das Potenzial mit sich bringt, die gesamte Bankenbranche vollständig zu transformieren. Ohnehin eignet sich die Finanzbranche gut für den Einsatz von KI-Technologien, da Banken große Datenmengen zur Verfügung stehen, die zum Modellieren und Trainieren einer KI genutzt werden können.[21] In dem Zusammenhang konstatiert CLEMENS KOCH, Financial Services Leader von PwC Deutschland, dass mithilfe der KI die Möglichkeit besteht, „[...] die Qualität, Verlässlichkeit und Nutzbarkeit von Datenaggregation und -analyse zu verbessern. Damit kann diese Technologie zu einem Innovations- und Wachstumstreiber für die gesamte Bankenbranche werden und deren Wandel hin zu digitalen Ökosystemen beschleunigen."[22] CLEMENS KOCH fügt auch hinzu, dass die Technologie den Banken dazu verhilft, ihre Nähe zum Kunden aufrechtzuerhalten und ihre Prozesse wie auch Kostenstruktur zu optimieren.[23] Darüber hinaus soll die Technologie nicht nur Effizienzen steigern, sondern zugleich Geschäftsmodelle transformieren und qualifizierte Arbeitsplätze schaffen.[24] Es zeigt sich, dass KI kein technischer Trendgedanke mehr ist[25], sondern vielmehr handelt es sich hierbei um eine Schlüsseltechnologie, die die Wettbewerbsfähigkeit von Banken sichert und deren Wachstum wie auch digitale Transformation ermöglicht.[26] Gerade vor dem Hintergrund der aktuellen Herausforderungen „[...] bleibt den Banken, die eher für das Festhalten an Bewährtem bekannt sind, keine andere Möglichkeit als ihre Innovationskraft zu stärken. Die digitale Transformation ist letztendlich – trotz jeglichen Kostendrucks – keine Option, sondern

---

[21] Vgl. FESIDIS/GUPTA (2021), S. 18. Vgl. hierzu ferner auch FRIEDRICH/HIESE/DREßLER/WOLFENSTETTER (2021), S. 51; NEUHAUS (2022), S. 1124; PwC (2023), S. 2.

[22] PwC (2019b), o. S. Traditionelle Institute verfügen vor allem über umfassende Transaktionsdaten, die im Rahmen von Querschnitt- und Längsschnittanalysen bei der Optimierung der Kundenschnittstelle dienen können. Vgl. hierzu BAFIN (2018a), S. 73.

[23] Vgl. PwC (2019b), o. S.

[24] Vgl. PwC (2019a), S. 2. PwC ist eine führende Wirtschaftsprüfungs- und Beratungsgesellschaft in Deutschland. Vgl. hierzu PwC (2019a), S. 19. Gleichwohl ergeben sich „durch den zielgerichteten Einsatz von KI entlang der gesamten Wertschöpfungskette [...] Potenziale zur Steigerung der Erträge und Erhöhung der Produktivität." NEUHAUS (2022), S. 1126.

[25] Vgl. BREINICH- SCHILLY (2022), S. 59.

[26] Vgl. ACCENTURE (2018), S. 3; KAYA (2019a), S. 1; AU/HIESE (2021), S. 26, 29; SCHMIDT (2021), S. 183. KI wird nicht nur als Dampfmaschine der Moderne bezeichnet, welche disruptive Veränderungen herbeiführen kann, sondern der Technologie wird laut Google CEO SUNDAR PICHAI sogar eine größere Wichtigkeit als dem Feuer und der Elektrizität beigemessen. Vgl. hierzu PwC (2023), S. 2. Banken weltweit wollen mithilfe der KI vor allem ihr Digitalisierungstempo erhöhen. So glauben laut den Ergebnissen des 22. Global CEO Survey von PwC 60 % der Banken-CEOs, dass KI eine umfassendere globale Revolution hervorrufen wird als das Internet. Vgl. hierzu PwC (2019b), o. S.

überlebensnotwendig, um den künftigen Anforderungen der Kunden gerecht zu werden."[27] Mittlerweile haben sich vielfältige Anwendungsfälle für KI in der Bankenbranche etabliert. Welche dies konkret sind, welche Chancen sich hieraus ergeben und welche Herausforderungen Banken in dem Zusammenhang bewältigen müssen, wird in dem folgenden Kapitel erläutert.

5.2 Status Quo

5.2.1 Einsatzmöglichkeiten und Chancen

5.2.1.1 Frontoffice

Zur Analyse der Einsatzmöglichkeiten der KI in der Bankenbranche ist es sinnvoll, das Geschäftsmodell eines Kreditinstituts näher zu beleuchten.[28] Gegenstand der Untersuchung sind dabei Prozesse, die der Kundenbeziehung dienen als auch solche, die bankinternen Bezug nehmen. Durch ein solches generisches Systemabbild wird es nicht nur möglich, all diejenigen Prozesse zu identifizieren, die sich generell für Digitalisierungsvorhaben eignen, sondern es können zugleich Widerstände aufgedeckt werden, die einer umfassenden Digitalisierungsstrategie entgegenstehen und letztendlich von Seiten des Kreditinstituts überwunden werden müssen. Da praktisch in allen Geschäftsbereichen einer Bank wie dem Einlagen- und Kreditgeschäft, dem Investmentbanking und der Vermögensverwaltung umfangreiche Daten gesammelt und verarbeitet werden, bietet ein autonomes Datenmanagement, welches ohne menschliche Intervention auskommt, den Instituten umfangreiche Möglichkeiten, um zu mehr Schnelligkeit, Präzision und Effizienz zu kommen. In Anlehnung an solche generische Geschäftsmodelle können für den KI-Einsatz in Banken drei Anwendungsbereiche spezifiziert werden. Zu diesen zählen das Front-, Middle- und das Backoffice. Hierbei werden Anwendungen, die eine unmittelbare Kundeninteraktion ermöglichen, dem Frontoffice zugeordnet. Diesen externen, nach außen gerichteten Prozessen stehen wiederum interne Prozesse zur Leistungserbringung gegenüber, die im Backoffice ihren Niederschlag finden. Begleitende Funktionen wie z. B. die IT, das Risikomanagement oder die Umsetzung der Compliance werden hingegen im Middleoffice abgewickelt.

[27] HASTENTEUFEL/KISZKA (2020a), S. 25.

[28] Vgl. auch im Folgenden KAYA (2019a), S. 5; LAUTERJUNG (2020), S. 265.

Betrachtet man die Schnittstelle zwischen der Bank und den Kunden, die als Frontoffice bezeichnet wird[29], so kann vor dem Hintergrund der Digitalisierung festgestellt werden, dass sich die Erwartungshaltung vieler Kunden an die Customer Experience gewandelt hat.[30] Dies liegt nicht zuletzt daran, dass heute „[...] große Technologieunternehmen Maßstäbe in puncto Schnelligkeit von Prozessen und Entscheidungen, reibungsloser Interaktion zwischen Dienstleister und Kunde, intuitiver Bedienbarkeit von Nutzeroberflächen und Individualisierung/ Personalisierung der Dienstleistung und des Angebots [setzen; Anm. d. Verf.].“[31] Werden solche Erfahrungen in anderen Branchen erstmals gemacht, dann führt das bei Bankkunden nicht nur zu einer sinkenden Toleranz, wenn Anbieter lange brauchen, um auf gestellte Anfragen oder Anträge zu reagieren, sondern sie bewegen Kunden auch dazu, ihre veränderten Ansprüche auf bankspezifische Produkte und Dienstleistungen zu übertragen.[32] Da die Wechselbereitschaft der Bankkunden zunehmend steigt, wenn ihre Erwartungen an die Customer Experience nicht erfüllt werden[33], ist es für traditionelle Institute essenziell, ihr Angebot weiter zu digitalisieren und es auf die veränderten Bedürfnisse der Kunden zuzuschneiden.[34] Gerade im Zusammenhang mit der hohen Zufriedenheit von Direktbank- und Neobankkunden „[...] wird deutlich, dass in einem zunehmend digitaler ausgestalteten und insbesondere kundenfokussierten und -freundlichen Dienstleistungsangebot der Schlüssel zu einer höheren Kundenzufriedenheit liegen kann.“[35] So konstatieren FRIEDRICH, HIESE, DREßLER und WOLFENSTETTER nicht ohne Grund, dass sich an der Schnittstelle zum Kunden diejenigen Banken oder Dienstleister durchsetzen werden, welche die beste Customer Experience ermöglichen.[36] KI-Lösungen spielen in dem Zusammenhang eine wichtige Rolle, da sie Banken dabei unterstützen können, ihre Kundenbeziehungen entlang der Customer Journey zu optimieren.[37] Zu den geläufigsten KI-gestützten Anwendungen, die hierbei zum Tragen kommen, zählen die sog. Smart Assistants.[38] Bei den Smart Assistants handelt es sich um virtuelle Assistenten, die als Dialogsystem Anfragen

[29] Vgl. LAUTERJUNG (2020), S. 266.
[30] Vgl. HASTENTEUFEL/KISZKA (2020a), S. 11.
[31] BAFIN (2018a), S. 64.
[32] Vgl. BAFIN (2018a), S. 64.
[33] Vgl. HASTENTEUFEL/KIZKA (2020b), S. 68.
[34] Vgl. HASTENTEUFEL/KISZKA/SCHUSTER (2023), S. 298.
[35] HASTENTEUFEL/KISZKA/SCHUSTER (2023), S. 298.
[36] Vgl. FRIEDRICH/HIESE/DREßLER/WOLFENSTETTER (2021), S. 55.
[37] Vgl. FESIDIS/GUPTA (2021), S. 21.
[38] Vgl. NEUHAUS (2022), S. 1124.

von Nutzern beantworten und Aufgaben für diese erledigen.[39] Sie treten entweder als Sprachassistent (Voicebot oder Voice Assistant) oder als sog. Chatbot auf und finden stets Anwendung in elektronischen Endgeräten oder Fahrzeugen. Chatbots können dabei als digitale Assistenten aufgefasst werden, „[…] die per Textnachricht oder telefonisch mit dem Kunden interagieren und versuchen, deren Anliegen ohne Beteiligung eines Bankmitarbeiters zu bearbeiten."[40] Sie werden in jüngster Zeit verstärkt mit der KI-Technologie ausgestattet[41] und unterstützen Banken z. B. im Bereich des Kundenservices, des Personal Financial Managements oder des Retail Bankings.[42] In dem Zusammenhang können Chatbots nicht nur Kundenfragen beantworten oder alltägliche Serviceaufträge, wie z. B. das Sperren einer Bankkarte ausführen, sondern sie können zusätzlich Spartipps kommunizieren, Überweisungen bzw. Überträge anstoßen und Kontostandsprüfungen durchführen. Damit ein solches Chatbot-System funktioniert, wird zum einen eine Datenbank benötigt, die als Wissensbasis fungiert, zum anderen müssen Algorithmen implementiert werden, damit Vorgänge bzw. Prozesse gesteuert werden können.[43] Dabei folgt ein Chatbot dem Prinzip des Patternmatching, was bedeutet, dass Regeln spezifiziert werden, damit Muster in benutzerspezifischen Fragestellungen erkannt und diesen passende Antworttexte und -aktionen zugeordnet werden können. Hierzu vergleicht ein Algorithmus die Schlüsselwörter der Fragestellungen mit den gespeicherten Antworten in der Datenbank und generiert je nach übereinstimmenden Merkmalen eine entsprechende Antwort bzw. führt eine spezifische Aktion aus. FRIEDRICH, HIESE, DREẞLER und WOLFENSTETTER konstatieren hierbei allerdings, dass Kunden einen Chatbot nur dann als intelligent bzw. positiv wahrnehmen, „[…], wenn er auch individuelle und komplizierte Fragen hilfreich und korrekt beantwortet."[44] Auch wenn Chatbots mit einer Wissensdatenbank verknüpft werden können und sie für Nutzer aufgrund der daraus resultierenden Beratungskompetenz als „intelligent" erscheinen, muss in dem Zusammenhang erwähnt werden, dass der Grad der Informationsversorgung heutiger Chatbot-Systeme durch die Schlüsselwörter, Wissensbausteine, Texte und Regeln ihrer Entwickler bzw. Programmierer limitiert wird.[45] Durch die Fortschritte im Bereich der KI wird es allerdings möglich Chatbots in Zukunft

[39] Vgl. auch im Folgenden BENDEL (2021b), o. S.

[40] KAYA (2019a), S. 6. Vgl. hierzu ferner auch BENDEL (2021a), o. S.

[41] Vgl. GENTSCH (2019), S. 97.

[42] Vgl. auch im Folgenden SCHLOZ (2020), S. 14.

[43] Vgl. auch im Folgenden NEUHAUS (2022), S. 1124.

[44] FRIEDRICH/HIESE/DREẞLER/WOLFENSTETTER (2021), S. 55.

[45] Vgl. auch im Folgenden GENTSCH (2019), S. 98 ff.

wesentlich intelligenter auszugestalten. So ist ein KI-gestützter Chatbot nicht nur in der Lage, eigenständig zu lernen, indem er riesige Datenmengen aus Online-Quellen wie z. B. dem Internet nutzt, sondern das Bot-System kann zugleich „über die Interaktionsmuster des Kunden […] mit den Deep-Learning-Algorithmen des maschinellen Lernens kundenspezifische Keywords finden und seine eigene Datenbank kundenspezifisch und automatisch pflegen.“[46] Eine Intervention des Entwicklers wird laut GENTSCH dadurch hinfällig, da Eingriffe nur noch zu Wartungszwecken benötigt werden. Die sog. Personal Voice Assistants (PVA) stellen hingegen eine Weiterentwicklung der Chatbot-Plattformen dar.[47] Sie finden ihren Einsatz in sog. Voice-First-Plattformen wie z. B. Amazon Alexa, Siri oder Google Home[48] und können die natürliche Spracheingabe eines Benutzers in konkrete Handlungsanweisungen übertragen und dem Anwender dadurch assistieren.[49] So können Bankkunden z. B. per Sprachbefehl den Kontostand für Einzel- und Gemeinschaftskonten abrufen, den Gesamtfinanzstatus abfragen und Informationen über Soll- und Habenbuchungen einholen.[50] Allerdings sind Sprachassistenten nach HASTENTEUFEL und HAGMANN bereits in der Lage, „[…] komplexere Befehle zu verstehen und zu verarbeiten. Während man früher explizit nach dem Kontostand fragen musste, verstehen die Geräte inzwischen Fragen wie „Alexa, kann ich es mir heute leisten, bei XYZ essen zu gehen?“ problemlos.“[51], so die beiden Autoren. Diese Zunahme an Benutzerfreundlichkeit führt dazu, dass Smart Assistants in der globalen Finanzbranche immer mehr an Bedeutung gewinnen.[52] Sie erweitern die Schnittstelle zum Kunden und können durch die implementierte KI-Technologie bereits jetzt eine Antwortqualität liefern, die sich von der menschlichen kaum unterscheidet. Darüber hinaus besteht durch die virtuellen Berater nicht nur die Möglichkeit, Kosten einzusparen, da weniger Personal benötigt wird, sondern Banken können ihren Kunden zugleich einen Service anbieten, der 24/7 zur Verfügung steht. Hinzu kommt, dass virtuelle Assistenten

[46] GENTSCH (2019), S. 100.

[47] Vgl. NEUHAUS (2022), S. 1124. Vgl. hierzu ferner auch BENDEL (2021a), o. S.

[48] Vgl. LAUTERJUNG (2020), S. 266.

[49] Vgl. auch im Folgenden NEUHAUS (2022), S. 1124. Vgl. hierzu ferner auch SCHNEIDER (2019), o. S.

[50] Volks- und Raiffeisenbanken sowie Sparkassen bieten bereits eine entsprechende Schnittstelle für Sprachassistenten an, sodass es für deren Bankkunden möglich ist per Spracheingabe Informationen zu Konten, Finanzprodukten oder Börsenkursen einzuholen. Vgl. hierzu SCHNEIDER (2019), o. S.

[51] HASTENTEUFEL/HAGMANN (2020), S. 11.

[52] Vgl. auch im Folgenden BAFIN (2018a), S. 71 f.; SCHNEIDER (2019), o. S.; GARZELLI (2020), S. 85; HASTENTEUFEL/HAGMANN (2020), S. 11f.

inzwischen nicht nur in der Lage sind, Kundenanfragen zu beantworten, sondern sie können von Seiten der Kreditinstitute auch dazu genutzt werden, um bankspezifische Produkte und Dienstleistungen zu platzieren. Der Technologie kann daher ein großes Potenzial als Schnittstelle für die Kundenkommunikation zugerechnet werden.

Weitere Einsatzmöglichkeiten für KI, die dem Frontoffice einer Bank zugeordnet werden können, finden sich sowohl im Privatkundengeschäft als auch im Bereich der Kreditvergabe, die bei vielen Banken bereits automatisiert abgewickelt wird.[53] So kann die KI-Technologie bspw. die Datenermittlung zur Bonitätsprüfung sowohl für das Kreditinstitut als auch den Kunden einfacher gestalten. Die KI-gestützte Bonitätsanalyse basiert dabei „[...] auf der Berücksichtigung eines breiten Sets transaktionaler Daten eines Kunden. Dazu zählen die Buchungshistorie auf dessen Konten, die Soll- und Habenstände, die Buchungstypen sowie die Gründe für einzelne Buchungen [...]."[54] Die Commerzbank hat bereits eine entsprechende KI-Komponente implementiert, die bonitätsrelevante Informationen aus vorliegenden Transaktionsdaten herausfiltert und automatisiert strukturiert.[55] Hierzu werden die eingehenden und ausgehenden Zahlungen eines Kunden analysiert und über ein intelligentes Tagging-Verfahren passenden Oberkategorien wie z. B. dem Einkommen, Mietzahlungen oder bestehenden Kreditraten zugeordnet. Hieraus ergeben sich für Banken im Rahmen der Kreditwürdigkeitsprüfung[56] als auch für Kunden im Kontext der Finanzierungsanfrage mehrere Chancen. So sinkt für den Antragssteller nicht nur der Aufwand, da die

---

[53] Vgl. FRIEDRICH/HIESE/DREßLER/WOLFENSTETTER (2021), S. 55 f.; BAFIN (2023), o. S.

[54] BAFIN (2018a), S. 80.

[55] Vgl. auch im Folgenden FRIEDRICH/HIESE/DREßLER/WOLFENSTETTER (2021), S. 56. Dass KI in Verbindung mit Big Data die Bonitätsbewertung revolutionieren kann, zeigte das einstige FinTech-Unternehmen Kreditech. Das ehemalige Hamburger Startup, welches im Jahr 2012 von SEBASTIAN DIEMER und ALEXANDER GRAUBNER- MÜLLER gegründet wurde, analysierte über einen Scoring-Algorithmus 20.000 Datenpunkte, um über die Bonität eines potenziellen Kreditnehmers zu entscheiden. Eingang in die Bonitätsbewertung fanden dabei z. B. Informationen zu dem jeweiligen soziodemografischen Hintergrund, dem Surfverhalten auf Social-Media-Plattformen oder der benötigten Zeit, um den Kreditantrag auf der Webseite der Bank auszufüllen. Vgl. hierzu SCHLENK (2020), o. S.; WIRMINGHAUS (2020), o. S.; NEUHAUS (2022), S. 1125.

[56] Die Kreditwürdigkeitsprüfung ist die „[...] Analyse der persönlichen und wirtschaftlichen Verhältnisse eines potenziellen Kreditnehmers zur Abschätzung des mit einer Kreditvergabe verbundenen Risikos. Das Ergebnis der Kreditwürdigkeitsprüfung dient als Entscheidungsgrundlage für die Gewährung beauftragter bzw. die Belassung eingeräumter Kredite." BREUER (2018), o. S.

zur Bonitätsprüfung benötigte „Vertrauliche Selbstauskunft“ nicht mehr manuell ausgefüllt werden muss und etwaige Gehaltsnachweise nachgeliefert werden müssen, sondern im Ergebnis spart der Kunde auch Zeit, da der Kreditentscheidungsprozess durch die KI-Komponente beschleunigt wird. Das Kreditinstitut spart hingegen „[…] manuelle Prozessschritte beim Einlesen und Prüfen der ohnehin schon vorliegenden Informationen und kann die Risikobewertung durch die Berücksichtigung aller bekannten Daten optimieren – speziell dann, wenn die von PSD2 geschaffene bankübergreifende Transparenz der Transaktionsdaten vom Kunden genutzt werden kann.“[57]

Die KI-gestützte Transaktionsdatenanalyse vereinfacht aber nicht nur die Bonitätsprüfung, sondern sie kann auch dazu verwendet werden, um personalisierte Angebote zu gestalten und individuelle Kundenbedürfnisse zu befriedigen.[58] Gerade traditionelle Banken, wie z. B. Sparkassen verfügen aufgrund ihrer Funktion als Hausbank über umfangreiche Transaktionsdaten, die mithilfe von KI an der Kundenschnittstelle genutzt werden können.[59] Ziel kann es dabei sein, Produktempfehlungen auszusprechen, die auf dem erfolgreichen Next Best Offer[60] Konzept von Amazon basieren.[61] Hierzu werden Kunden auf der Grundlage von bekannten Merkmalen wie z. B. Alter, Beruf, Wohnort, Einnahmen, Ausgaben, Kaufverhalten und Vermögen definierten Profilen zugeordnet, um diesen ein entsprechend personalisiertes Produktangebot zu offerieren.[62] Dabei können wechselseitige Wirkungszusammenhänge, die bisher im Verborgenen lagen, aufgedeckt

---

[57] FRIEDRICH/HIESE/DREẞLER/WOLFENSTETTER (2021), S. 56. Vgl. hierzu ferner auch BAFIN (2018a), S. 82.

[58] Vgl. BAFIN (2018a), S. 73.

[59] Vgl. NEUHAUS (2018), o. S.

[60] Der Begriff wird im Folgenden mit „NBO“ abgekürzt.

[61] Vgl. auch im Folgenden FRIEDRICH/HIESE/DREẞLER/WOLFENSTETTER (2021), S. 56.

[62] Bei guter Bonität eines Kunden können diesem z. B. höherwertige Finanzprodukte und -dienstleistungen angeboten werden, wodurch es einer Bank möglich wird zusätzliche Erträge zu generieren. Vgl. hierzu BAFIN (2018a), S. 73; NEUHAUS (2018), o. S.; NEUHAUS (2022), S. 1126. Darüber hinaus können Algorithmen Bankberater nicht nur dabei unterstützen kundengerechte Finanzprodukte z. B. in Form von Fonds, Anleihen der Aktien zu finden, sondern sie können auch das Kundenportfolio im Rahmen des NBO-Prinzips regelmäßig auf Risiken überprüfen und dem Berater eine Warnung anzeigen, „wenn beispielsweise eine Anleihe heruntergestuft wird, Analysten eine Verkaufsempfehlung aussprechen oder eine Region besonders stark übergewichtet ist […].“ DEUTSCHE BANK (2024a), o. S. Um entsprechende Risiken zu reduzieren, wird dem Kunden im Anschluss an die Warnmeldung ein Produktvorschlag präsentiert, den der Algorithmus aus den Portfolios von vergleichbaren Anlegern selektiert. Vgl. hierzu DEUTSCHE BANK (2024a), o. S.

und infolgedessen die Qualität der Produktempfehlung als auch die Abschlussrate erhöht werden. Darüber hinaus haben Kreditinstitute gemäß dem Prinzip des Predictive Behavioral Targeting die Möglichkeit „[…] mit Hilfe Künstlicher Neuronaler Netze (KNN) und Deep-Learning-Methoden aus selektiven Nutzerbefragungen, Nutzerdaten und externen Datenquellen statistische Prognosen zu Verhaltensmustern der Nutzer zu erstellen."[63] So lassen sich z. B. auch auf der Grundlage von Suchwörtern entsprechende Profile bilden, die im Zusammenspiel mit Big-Data-gestützten Analysealgorithmen dazu verwendet werden können, um anstehende Kaufentscheidungen zu prognostizieren.[64] Informationen zum Online- und Offline-Kaufverhalten bestimmter Kundengruppen müssen aufgrund dessen nicht mehr über externe Datensets erworben werden, sondern Banken können ihre Produktkampagnen über KI-gesteuerte Suchwortanalysen steuern und optimieren.

Darüber hinaus kann KI und ML auch an der Schnittstelle zu Firmenkunden z. B. zur Planung der Liquidität eingesetzt werden.[65] In dem Zusammenhang kann das Liquiditätsmanagement-Tool „CashRadar" der Commerzbank als Anwendungsbeispiel angeführt werden.[66] Mithilfe von ML bzw. automatisierten Datenanalysen können Zahlungsströme ausgewertet und auf diesen Erkenntnissen eine viermonatige Liquiditätsvorschau für das Geschäftskonto von kleinen und mittelständischen Unternehmen erstellt werden. Dadurch kann ein Firmenkunde frühzeitig gewarnt werden, wenn die Unterdeckung seines Geschäftskontos droht und dem Risiko einer Zahlungsverpflichtung nicht mehr nachkommen zu können, entsprechend entgegengesteuert werden.

Zudem kann die KI-Technologie im Bereich der Anlageberatung und Vermögensanlage dazu verwendet werden, um Investmentstrategien zu entwickeln bzw. zu optimieren.[67] So können Finanzdaten wie z. B. Kurszeitreihen oder Bewertungskennziffern über KI-gesteuerte Algorithmen nach Muster durchsucht werden, die dann als Entscheidungsgrundlage für Anlagestrategien bzw. das Kreditrisikomanagement herangezogen werden können. In den Zusammenhang besteht für Banken die Möglichkeit sog., Robo-Advisors einzusetzen, „[…] die ein optimales Portfolio für die Vermögensverwaltung auf Basis von Risikomodellen erstellen oder bestimmte Asset-Management-Dienstleistungen, wie

---

[63] NEUHAUS (2022), S. 1124.

[64] Vgl. auch im Folgenden NEUHAUS (2022), S. 1124.

[65] Vgl. FRIEDRICH/HIESE/DREßLER/WOLFENSTETTER (2021), S. 56.

[66] Vgl. auch im Folgenden TOMAK (2019), o. S.; BAYER (2021), o. S.; FRIEDRICH/HIESE/DREßLER/WOLFENSTETTER (2021), S. 56; COMMERZBANK (2024), o. S.

[67] Vgl. auch im Folgenden NEUHAUS (2018), o. S.; HASTENTEUFEL/HAGMANN (2020), S. 13; NEUHAUS (2022), S. 1125.

z. B. die Umsetzung von Kundenempfehlungen, vollautomatisieren."[68] Auch wenn der Begriff Robo-Advice eine Kombination der beiden englischen Wörter „Robot" und „Advice" darstellt und demnach im Deutschen Roboter-Beratung meint, handelt es sich hierbei weniger um eine humanoide Maschine, die in Gestalt eines Menschen Beratungsleistungen für Kunden erbringt, sondern Robo-Advice stellt vielmehr eine digitale Finanzdienstleistung dar, die über eine Online-Beratungsplattform bzw. ein Online-Beratungstool zur Verfügung gestellt wird.[69] Primäres Ziel der Robo-Beratungsleistung ist es dabei eine Empfehlung für finanzielle Investitionen zu generieren, die auf automatisierten Analyseprozessen beruht und stets die Eigenschaften und Angaben eines Kunden berücksichtigt.[70] Darüber hinaus können „[...] BDAI-optimierte Robo-Advisors an der Kundenschnittstelle im Produktbereich Anlage/Sparen neben automatisierten Anlageempfehlungen auch automatisiert dynamische Portfolioverwaltung auf Basis von Kundenpräferenzen anbieten."[71] Dabei diversifiziert[72] der Robo-Advisor abhängig vom kundenspezifischen Risikoprofil in verschiedene Assetklassen und gestaltet die Portfoliozusammensetzung autonom, d. h. ohne direktes Zutun des Kunden.[73] Letztendlich ergeben sich für Kunden als auch für Banken durch die digitalen Anlagehelfer vielfältige Chancen. Zum einen spart der Investor Zeit, da er sich um sein Portfolio nicht mehr selbst kümmern muss.[74] Zum anderen haben private Anleger durch das Delegieren von finanziellen Entscheidungen die Möglichkeit, ihre investitionsbezogenen Risiken, die z. B. aufgrund von fehlender finanzieller Bildung oder systematischen Denkfehlern entstehen, zu reduzieren. Hinzu kommt der nicht seltene Umstand, dass Privatinvestoren ihrem Portfolio eine nur begrenzte Aufmerksamkeit schenken und sich nicht regelmäßig um ihre Finanzen kümmern. Da

---

[68] FESIDIS/GUPTA (2021), 18. Vgl. hierzu ferner auch KAYA (2019a), S. 6.

[69] Vgl. auch im Folgenden SCHLOZ (2020), S. 15. Die Angebote des Robo-Advisors lassen sich aber auch über mobile Smartphone Apps erreichen. Vgl. hierzu GENTSCH (2019), S. 84.

[70] SCHLOZ betont in dem Zusammenhang nochmals, dass „die reine Zurverfügungstellung grundsätzlicher Anlageempfehlungen oder Musterportfolios, ohne auf die individuelle Kundenangaben einzugehen [...] keine Finanzdienstleistung im Sinne von Robo-Advice dar[stellt; Anm. d. Verf.]." SCHLOZ (2020), S. 15 f.

[71] BAFIN (2018a), S. 74.

[72] Diversifikation meint „die Zusammenstellung von Vermögensgegenständen, deren Renditen nicht vollständig positiv miteinander korreliert sind (Korrelationskoeffizient), mit dem Ziel der Minderung des Gesamtrisikos eines Investitionsprogramms." KILL (2020), o. S.

[73] Vgl. HASTENTEUFEL/HAGMANN (2020), S. 13; SCHLOZ (2020), S. 15.

[74] Vgl. auch im Folgenden KAYA (2019b), S. 2.

es zu dem Dienstleistungsangebot der Robo-Advisors gehört, das kundenspezifische Investmentportfolio bei Bedarf umzuschichten, können sie das Problem des Nichthandels von privaten Anlegern lösen. Außerdem neigen Kleinanleger dazu, in heimische ETF-Anlagen[75] zu investieren und überschätzen dabei nicht nur die Wahrscheinlichkeit positiver Entwicklungen, sondern auch den statistischen Zusammenhang (Korrelation) zwischen verschiedenen ETFs. Robo-Advisors können hierbei helfen, den sog. Home Bias[76] und das damit verbundene Verlustrisiko zu reduzieren, da sie nicht nur in heimatnahe bzw. regionale Anlagen investieren, sondern ihr Portfolio global diversifizieren. Zudem bilden sie Korrelationen in Nahe-Echtzeit ab und verringern dadurch systematische Verzerrungen zum Vorteil bestimmter ETFs. Aus Bankensicht zeigt sich hingegen, dass die Kombination aus Big Data und KI eine auf Kunden zugeschnittene Anlageberatung ermöglicht, „[…] die in Verbindung mit der kostengetriebenen Effizienzsteigerung für einen Menschen kaum realisierbar ist."[77] Ein Robo-Advisor hat nicht nur einen schnelleren Zugriff auf finanzielle Daten, sondern er kann diese auch in größeren Mengen über KI-gesteuerte Algorithmen auswerten und letztendlich dazu verwenden, um Gelder exakt nach den Risikopräferenzen der Kunden anzulegen und zu verwalten.[78] Gleichwohl haben Banken mithilfe der digitalen Anlagenhelfer nicht nur die Möglichkeit, ihren Kunden Echtzeitinformationen über aktuelle Marktentwicklungen zur Verfügung zu stellen und sie dadurch stets informiert zu halten, sondern sie können ihren Nutzern auch einen individuellen Service anbieten, der über verschiedene digitale Kanäle wie z. B. mobile Smartphone Apps oder Internet-Portale erreicht werden kann.[79] Dem Wunsch des Kunden nach individualisierten Finanzlösungen, die günstig, schnell und intuitiv zu jeder Zeit und an jedem Ort zur Verfügung stehen, kann folglich mithilfe der KI-gestützten Robo-Advisors nachgekommen werden.[80]

---

[75] ETFs sind Indexfonds, die der Entwicklung eines zugrunde liegenden Index folgen. Steigt/fällt bspw. der DAX, so wird ein DAX-ETFs wertmäßig ebenfalls steigen/fallen. Vgl. hierzu BÖRSE FRANKFURT (2024), o. S.

[76] Nach WASCHBUSCH bezeichnet der Home Bias „[…] das Phänomen, dass Anleger eine deutlich stärkere Präferenz für heimische Anlagen aufweisen als es die Vorteile der internationalen Portfolio Allokation nahelegen." WASCHBUSCH (2018), o. S.

[77] HASTENTEUFEL/HAGMANN (2020), S. 13.

[78] Vgl. HASTENTEUFEL/HAGMANN (2020), S. 13; FESIDIS/GUPTA (2021), S. 18.

[79] Vgl. GENTSCH (2019), S. 84.

[80] Die DEUTSCHE BANK bietet seit 2017 eine digitale Vermögensverwaltung namens ROBIN an, die Kunden die Möglichkeit gibt, Beträge ab 500 Euro mithilfe von ETFs verwalten zu lassen. Hierzu wird der Kunde zunächst zu seiner finanziellen und persönlichen Situation befragt und ihm alle notwendigen Produktkenntnisse vermittelt. Der Anleger bestimmt

5.2.1.2 Middleoffice

Wie eingangs bereits erwähnt, konzentriert sich das Middleoffice auf Aktivitäten im Bereich Risikomanagement, Compliance und IT. Gerade hier lohnt sich der Einsatz von KI-Anwendungen, da der Bereich von arbeits- und kostenintensiven Prozessen geprägt ist.[81] So kann die KI-Technologie bspw. Banken dabei unterstützen regulatorische Anforderungen effizienter und qualitativ besser zu erfüllen.[82] Ein konkreter Anwendungsfall findet sich dabei im Bereich der Geldwäscheprävention. Banken sind laut Gesetz dazu verpflichtet, Geschäftsbeziehungen einschließlich der dabei zustande kommenden Transaktionen zu überwachen und entsprechende Verdachtsfälle (z. B. aufgrund ungewöhnlicher oder gar verdächtiger Zahlungsströme) an die FIU zu übermitteln.[83] Dass diese regulatorische Anforderung mehr als Sinn macht, spiegelt allein das Geldwäschevolumen in Deutschland wider, welches jährlich auf 50 Mrd. bis 100 Mrd.

---

anschließend sein Anlagehorizont und gibt seine Risikobereitschaft preis. Auf der Basis dieser Angaben schlägt ROBIN eine Anlagestrategie vor, die der Kunde nach erfolgter Prüfung annehmen oder durch Änderung der Eingaben nochmals anpassen kann. Wird der Vorschlag vom Kunden übernommen, dann wird ein Online-Vertrag zur Vermögensverwaltung abgeschlossen und im Gleichgang das Depot als auch das Verrechnungskonto eröffnet. Die DEUTSCHE BANK legt dann einen Teil des Investments in ETFs an (bestehend aus Aktien, Rohstoffen oder Anleihen) und hält einen Teilbetrag als Barreserve zurück. Über das sog. Cockpit kann der Anleger die Wertentwicklung als auch die Investmentbestandteile des Portfolios 24/7 einsehen. Zusätzlich erhält der Kunde quartalsweise einen umfangreichen Bericht über die Performance der ETFs, die vorgenommenen Anpassungen im Portfolio und die aktuelle Portfoliozusammensetzung. Vgl. hierzu DEUTSCHE BANK (2024b), o. S. Auch die COMDIRECT BANK, eine Marke der COMMERZBANK, bietet einen Robo-Advisor namens cominvest an, den Kunden bereits ab einem Anlagebetrag in Höhe von 100 Euro (Sparplan) nutzen können. Der Anleger hat dabei die Möglichkeit zwischen zwei Produktarten zu wählen. Das Produkt cominvest classic bietet global gestreute Anlagemöglichkeiten, bestehend aus ETFs und ETCs mit 14 Anlageklassen. Das Produkt cominvest green bietet Kunden hingegen eine nachhaltige Geldanlage, da die ETF-Auswahl nach ökologischen, sozialen und ethischen Aspekten (ESG-Kriterien) erfolgt. Zur Verfügung stehen hier nachhaltige und global ausgerichtete ETFs und ETCs, die wiederum neun Anlageklassen aufweisen. Auch wenn der Robo-Advisor cominvest eigenständig Daten analysiert, wie auch bewertet und Kapitalanlagen umschichtet bzw. Wertpapiere austauscht, bleibt der menschliche Faktor im Rahmen von Expertenkontrollen stets erhalten, sodass sich der Kunde keine Sorgen um seine Geldanlage machen muss. Vgl. hierzu COMDIRECT (2024), o. S. Bei ETCs handelt es sich dabei um börsengehandelte Schuldverschreibungen, die die Wertentwicklung von Rohstoffen nachbilden. Vgl. hierzu BAFIN (2020), o. S.

[81] Vgl. LAUTERJUNG (2020), S. 268.

[82] Vgl. FRIEDRICH/HIESE/DREßLER/WOLFENSTETTER (2021), S. 57.

[83] Vgl. BAFIN (2018b), o. S.

Euro geschätzt wird.[84] Da Banken den nationalen und internationalen Zahlungsverkehr abwickeln und hierbei unzählige Zahlungsströme verantworten, wie auch Geschäftsbeziehungen verfolgen, kann ihnen bei der Bekämpfung von Geldwäsche eine besondere Rolle zugesprochen werden. Zur Erfüllung dieser regulatorischen Verpflichtung greifen Banken derzeit vorwiegend auf automatisierte Prüfverfahren zurück, denen expertenbasierte Erkennungsregeln zugrunde liegen. Das Problem hierbei ist „[…], dass einzelne Erkennungsregeln oft nur Ansätze verdächtiger Transaktionen erkennen können, die jedoch auf eine Vielzahl von normalen Transaktionen zutreffen."[85] Dieser Umstand führt dazu, dass im Rahmen des automatisierten Prüfverfahrens zahlreiche Verdachtshinweise generiert werden, die sich in der anschließenden manuellen Prüfung[86] als nicht untersuchungswert erweisen.[87] Zudem besteht nicht nur die Problematik, dass diese Regeln umgangen werden können, indem z. B. definierte Schwellenwerte systematisch unterschritten werden, sondern es besteht zugleich die Gefahr, dass aufgrund der zunehmenden Professionalität der Geldwäscher neuere und komplexere Geldwäschetransaktionen entstehen, die aufgrund der nur zeitverzögerten Anpassungsmöglichkeit von Erkennungsregeln unerkannt bleiben. In dem Zusammenhang können KI und Big Data-gestützte Verfahren Banken dabei unterstützen die Geldwäscheverdachtsprüfung effizienter und effektiver auszugestalten. So lassen sich mithilfe von KI-Techniken „[…] beispielsweise bisher unerkannte Muster wie Zahlenanomalien und regelmäßige Transaktionen unterhalb der Schwellenwerte erkennen und die Effektivität bestehender Erkennungsregeln

[84] Vgl. auch im Folgenden BaFin (2018a), S. 86 f.; Friedrich/Hiese/Dreßler/Wolfenstetter (2021), S. 57.

[85] BAFin (2018a), S. 86.

[86] Insbesondere im Bereich der Finanzkriminalität führen unpräzise bzw. nicht ausreichend konfigurierte Systeme zu hohen Personalaufwendungen. Hier setzen Finanzinstitute heute noch vorwiegend auf manuelle Kontrollen und greifen zu diesem Zweck auf interne Mitarbeiter und kostenintensive externe Berater zurück, um die Warnhinweise der Monitoring-Systeme auf Relevanz zu prüfen. Vgl. hierzu Deloitte (2019), S. 20.

[87] Problematisch ist hierbei, dass die nachgelagerten Workflow-Systeme häufig nicht in der Lage dazu sind „[…], bereits von den Sachbearbeitern erkannte (und geprüfte) False Positives bzw. wiederkehrende gleiche oder ähnliche Alerts als solche herauszufiltern und zu unterdrücken. Der Bearbeiter muss somit zwangsweise den gleichen Alert jedes Mal von Neuem prüfen, kommentieren und manuell schließen." Deloitte (2019), S. 21. Systeme, die einen stetigen Lernprozess verfolgen, können in dem Zusammenhang dabei helfen wiederkehrende Falschmeldungen zu erlernen und zu verwerfen. Zudem bieten RPA-basierte Systeme die Möglichkeit, False Positives im Voraus zu selektieren, um diese mit einem Kommentar zu versehen, der den Grund für die nicht weitere Fallverfolgung beinhaltet. Vgl. hierzu Deloitte (2019), S. 21.

durch Rückkopplungsschleifen erhöhen."[88] Vor diesem Hintergrund erproben bereits verschiedene Banken[89] maschinelle Lernverfahren, die implementierte Erkennungsregeln über Feedbackschleifen optimieren und darauf basierend neue, bisher noch nicht identifizierte Erkennungsmuster ableiten.[90] Letztendlich können Banken mithilfe der BDAI-gestützten Transaktionsüberwachung Geldwäsche effektiver erkennen und ihre Aufklärungsquote erhöhen.[91] So müssen Kriminelle aufgrund der verbesserten Prüfungsmechanismen nicht nur mehr Aufwand betreiben, um die Verfahren zu umgehen, sondern sie sind zugleich einem erhöhten Risiko ausgesetzt, bei der Geldwäsche entdeckt zu werden. Zudem kann die KI-Technologie Kreditinstituten dabei helfen, ungerechtfertigte Verdachtsfälle sowie den damit in Zusammenhang stehenden manuellen Folgeaufwand zu minimieren. Dadurch können nicht nur prozessuale Überwachungskosten gesenkt, sondern auch Reputationsschäden, die z. B. durch fälschlich eingeleitete Strafverfahren entstehen, verhindert werden. Ohnehin ist für Kunden eine Untersuchung wegen des Verdachts auf Geldwäsche mühselig, da sie oftmals dazu aufgefordert werden, Auskünfte zu erteilen bzw. Dokumente vorzulegen, um den Verdacht zu widerlegen. Es zeigt sich folglich, dass KI-gestützte Verfahren, die der Überwachung von Geldwäsche und somit der Einhaltung der Regulatorik dienen, auch das Potenzial mit sich bringen, die Kundenbeziehung zu verbessern.

---

[88] NEUHAUS (2022), S. 1125.

[89] Die DEUTSCHE BANK hat bspw. seit 2019 das KI-Modell „Black-Forest" im Betrieb, welches Transaktionen überwacht und etwaige Verdachtsfälle dokumentiert. Dabei analysiert die KI jede Kapitalbewegung anhand unterschiedlicher Kriterien wie z. B. Betrag, Währung, Empfängerland oder Transaktionsart und informiert den Kundenbetreuer über eine Verdachtsmeldung, falls ein Kriterium nicht dem gewünschten Muster entspricht. Wird die Transaktion nach der manuellen Prüfung ebenfalls als verdächtig eingestuft, dann wird der Verdachtsfall zur weiteren Analyse und Bewertung an die Abteilung zur Bekämpfung von Finanzkriminalität weitergeleitet. Vgl. hierzu DEUTSCHE BANK (2024a), o. S. Positiv zu werten ist in dem Zusammenhang, dass die KI mit der Zunahme entsprechender Rückmeldungen lernt „[...] Transaktionen richtig einzuordnen und nur noch die zu melden, bei denen wirklich eine Straftat droht." DEUTSCHE BANK (2024a), o. S.

[90] Vgl. FRIEDRICH/HIESE/DREßLER/WOLFENSTETTER (2021), S. 57. Laut einer aktuellen Studie von PwC zum Status quo des KI-Einsatzes im deutschen Finanzsektor belegt die Geldwäscheprüfung Platz zwei der KI-Use Cases für Banken im Bereich des Risikomanagements. Hierbei gaben 33 % der befragten Kreditinstitute an, KI in diesem Bereich einzusetzen. Platz eins belegt das Betrugsmanagement mit einer KI-Einsatzquote in Höhe von 39 %. Vgl. hierzu PwC (2023), S. 10.

[91] Vgl. auch im Folgenden BAFIN (2018a), S. 88 f.

Darüber hinaus kann KI zum Monitoring und Tracking regulatorischer Veränderungen eingesetzt werden.[92] So wird es Banken mithilfe sog. RegTech-Anwendungen[93] möglich „[…] Veränderungen frühzeitig wahrzunehmen und dementsprechend schneller reagieren zu können."[94] Hierzu werden über einen automatisierten Prozess neue oder geänderte Vorschriften identifiziert und deren bankspezifische Anwendbarkeit, Relevanz und Strukturauswirkung KI-basiert bewertet wie auch analysiert.[95] Über maschinelles Lernen besteht in dem Zusammenhang die Möglichkeit, natürliche Sprache zu verarbeiten, sodass Vorschriften in Dokumente (z. B. Richtlinien oder Schulungen) konvertiert und letztendlich priorisiert wie auch implementiert werden können. Zusätzlich können im Rahmen des RegTech-Monitoring automatisierte Kontrollen erfolgen, um z. B. die Umsetzung der regulatorischen Neuerungen in den einzelnen Bereichen zu überwachen. Vor dem Hintergrund der stetig steigenden regulatorischen Anforderungen ergeben sich für Banken mithilfe dieses KI-gestützten Monitoring-Prozesses verschiedene Chancen. So sind nicht nur die Analyse und die Auswertung neu erschienener Gesetzestexte mit sehr viel Zeitaufwand verbunden, sondern die Identifikation von gesetzlichen Änderungen erfordert auch eine gewisse Expertise, welche häufig nicht gegeben ist. Zudem bestehen oftmals auch Barrieren hinsichtlich der regulatorischen Inhalte, da diese z. B. nur in fremder Sprache vorliegen oder sich über mehrere Regularien hinweg inhaltlich widersprechen. Hinzu kommt, dass die Anwendungsrelevanz von neuen bzw. geänderten Vorschriften häufig unterschiedlich interpretiert wird, eine Übersicht über den bereichsbezogenen Umsetzungsstatus nicht vorhanden ist oder unzureichende Lösungen implementiert wurden, die die Identifikation und Zusammenführung von regulatorischen Vorgaben IT-technisch unterstützen. Wie Eingangs bereits beschrieben, bieten RegTech-Anwendungen[96] die Möglichkeit, diesen Herausforderungen zu begegnen, da sie Banken in die Lage versetzen, „[…] manuelle (Teil-) Prozesse zu

---

[92] Vgl. DELOITTE (2019), S. 23.

[93] RegTech ist ein Kofferwort, welches sich aus den beiden englischen Begriffen „regulatory" und „technology" zusammensetzt. Vgl. hierzu LAUTERJUNG (2020), S. 268. Auch wenn es bei RegTech wie bei FinTech um die Verwendung von innovativer Technologie geht, liegt der Schwerpunkt „[…] bei Regtech allerdings auf der von innovativen Technologien gestützten effektivieren und effizienteren Abbildung, Erfüllung und Dokumentation regulatorischer und aufsichtlicher Pflichten." BAFIN (2019), o. S.

[94] FESIDIS/GUPTA (2021), S. 18.

[95] Vgl. auch im Folgenden DELOITTE (2019), S. 23.

[96] Weitere Einsatzbereiche finden sich z. B. „[…] bei der Überwachung der Kommunikation, der Finanztransaktionen oder der Identifizierung eigener Mitarbeiter in sensiblen Prozessen oder Bereichen." LAUTERJUNG (2020), S. 268.

automatisieren und ihre regulatorischen Anforderungen präziser und mit geringem Aufwand zu erfüllen."[97] Mithilfe von KI können dabei regulatorische Neuerungen schnell erkannt und deren bankbezogene Relevanz, Anwendbarkeit und Strukturauswirkung automatisiert analysiert wie auch bewertet werden.[98] Zudem tragen RPA-gestützte Kontrollmechanismen nach der Implementierung von neuen oder geänderten Vorschriften dazu bei, dass diese auch in allen Bankbereichen vollumfänglich umgesetzt werden.[99] So kann der jeweilige regulatorische Umsetzungsstatus über automatisierte Auswertungen überwacht und bei vorliegenden Sollabweichungen entsprechend eingegriffen werden.[100]

5.2.1.3 Backoffice

In den Backoffice Bereichen also dort, wo die unmittelbare Leistungserbringung der Banken prozessual sichergestellt wird[101], kann KI dazu eingesetzt werden, um Prozesse zu automatisieren[102] und diese dadurch schneller wie auch effizienter auszugestalten.[103] Entsprechende Potenziale ergeben sich vor allem dadurch, da im Backoffice zahlreiche Prozessschritte vorherrschen, „[…] die sich häufig wiederholen, in großer Zahl anfallen, durch Gesetze, Vorschriften oder klar definierte Geschäftsprozesse gesteuert werden und nur wenige von Menschen

---

[97] BAFIN (2019), o. S. Vgl. hierzu ferner auch BAFIN (2018a), S. 71. Allerdings gehört das Compliance-Monitoring derzeit zu keinem KI-Use Case, der von deutschen Banken intensiv verfolgt wird. Hierbei gaben lediglich 8 % der von PwC befragten Kreditinstitute an für diese Zwecke KI einzusetzen (im Bereich des Risikomanagements belegt das Compliance Monitoring den letzten Platz aller untersuchten KI-Use Cases). Vgl. hierzu PwC (2023), S. 10.

[98] Vgl. FESIDIS/GUPTA (2021), S. 18. Denkbar ist auch die KI-Technologie in Zusammenhang mit Predictive Analytics zu nutzen, um z. B. die Compliance-Kosten beim Betreten neuer Märkte oder bei der Einführung von neuen Produkten zu prognostizieren. Vgl. hierzu DELOITTE (2019), S. 23.

[99] Vgl. auch im Folgenden DELOITTE (2019), S. 23.

[100] Dadurch können nicht nur Fehler reduziert, sondern auch Personalkosten eingespart werden. Vgl. hierzu BAFIN (2019), o. S.

[101] Vgl. LAUTERJUNG (2020), S. 265.

[102] Die allgemeine Prozessautomatisierung gehört laut PwC's KI-Marktstudie zum keinem KI-Use Case, der von deutschen Banken im Bereich Operations näher verfolgt wird. Lediglich 11 % der deutschen Kreditinstitute gaben im Rahmen der Studie an, KI für diese Zwecke zu nutzen. Im Versicherungsbereich wird die KI hingegen hauptsächlich zur Prozessautomatisierung eingesetzt (der Einsatzgrad beträgt hier 66 %). Vgl. hierzu PwC (2023), S. 12.

[103] Vgl. FESIDIS/GUPTA (2021), S. 18; FRIEDRICH/HIESE/DREßLER/WOLFENSTETTER (2021), S. 56.

zu bearbeitende Ausnahmen enthalten."[104] Auch wenn in dem Zusammenhang bereits vielzählige Lösungen zum Einsatz kommen, die die menschengesteuerte Prozessausführung mithilfe von RPA imitieren[105], sind diese Anwendungen[106] in ihrer Funktionsweise zumeist limitiert, da sie z. B. nur strukturierte Daten verarbeiten können und eine klar geregelte Durchführungsanweisung benötigen.[107] Die KI-Technologie kann hierbei den Anwendungsbereich von RPA erweitern, da sie die Fähigkeit besitzt bisher unzureichend strukturierte Eingabedaten für den RPA-Einsatz aufzubereiten.[108] So können z. B. mithilfe von ML-basierten Verfahren wie Optical Character Recognition[109] oder Natural Language Processing[110] Texte wie auch Bilder erkannt, verstanden und ausgewertet werden.[111] Auf diese Weise wird es beispielsweise möglich, „[…] digitale/gescannte Daten zuerst mit Optical Character Recognition (OCR)-Anwendungen maschinell lesbar zu machen und darauf basierend automatisch zu klassifizieren (z. B. Geburtsurkunde, Gehaltsnachweis, Kreditberichte)."[112] Von Kunden eingereichte Dokumente können so z. B. im Rahmen der Kreditprüfung oder der Vertrags- und Kontoanalage automatisiert verarbeitet und der gesamte Backoffice-Prozess

---

[104] NEUHAUS (2022), S. 1126.

[105] Vgl. FRIEDRICH/HIESE/DREßLER/WOLFENSTETTER (2021), S. 56.

[106] Es handelt sich hierbei um sog. Software-Roboter, die z. B. auf eine virtuelle Tastatur oder eine virtuelle Maus zurückgreifen, um die Anwendungssysteme wie ein Sachbearbeiter zu bedienen. Hierzu verbindet sich der Roboter mit den systemseitigen Benutzerschnittstellen und Oberflächen und imitiert im Nachgang die menschliche Prozessausübung. Vgl. hierzu NEUHAUS (2022), S. 1126. Die in dem Zusammenhang zum Tragen kommende Anwendungssysteme werden jedoch nicht verändert, sondern „[…] es wird lediglich die Bedienung, die bisher von Sachbearbeitern ausgeführt wurde, von Software abgelöst." NEUHAUS (2022), S. 1126.

[107] Vgl. BAFIN (2018a), S. 75.

[108] Vgl. auch im Folgenden FRIEDRICH/HIESE/DREßLER/WOLFENSTETTER (2021), S. 56 f.

[109] Der Begriff wird im Folgenden mit „OCR" abgekürzt. Bei OCR handelt es sich um ein „[…] Verfahren der maschinellen Datenerfassung, bei der handschriftliche der maschinengeschriebene Zeichen (Buchstaben, Ziffern, Sonderzeichen) oder Strichmarkierungen (Barcodes) mit hoher Geschwindigkeit gelesen werden." LACKES (2018), o. S.

[110] Der Begriff wird im Folgenden mit „NLP" abgekürzt.

[111] Software-Roboter, die KI in sich integrieren und dadurch z. B. natürliche Sprache verstehen, auch unstrukturierte Daten verarbeiten können und über maschinelle Lernfähigkeiten verfügen, werden dem Intelligent Robotic Automation (IRPA) zugeordnet. Vgl. hierzu NEUHAUS (2022), S. 1126.

[112] BAFIN (2018a), S. 75.

dadurch schneller wie auch effizienter ausgestaltet werden. Zudem besteht mithilfe von BDAI die Möglichkeit, die Kreditentscheidung zu automatisieren.[113] Wie in Abschnitt 5.2.1.1 bereits beschrieben, können hierzu kundenspezifische Transaktionsdaten KI-gestützt analysiert und darauf basierend die Bonität wie auch das maximale Kreditlimit berechnet werden. Im Firmenkundengeschäft kann dadurch z. B. auf eine aufwendige Bilanzanalyse verzichtet werden, da die aus den transaktionalen Daten gewonnenen Informationen Rückschlüsse auf Bonitätsveränderungen erlauben. Ohnehin sind Transaktionsdaten aufgrund ihrer Aktualität, Detailgenauigkeit und digitalen Verfügbarkeit klassischen Datenquellen, wie z. B. der Bilanz und GuV überlegen. So können mithilfe der cash-flow-basierten Transaktionsdatenanalyse nicht nur Sonderthemen wie etwa Lieferantenabhängigkeiten und Währungsrisiken automatisiert überwacht, sondern es kann zugleich dem Kreditausfallrisiko[114] durch das frühzeitige Erkennen von negativen Bonitätsentwicklungen und der damit einhergehenden Verweigerung weiterer Kreditzusagen entgegengesteuert werden. Neben der Verbesserung des Kreditrisikomanagements ergibt sich durch den transaktionsbasierten und KI-gestützten Kreditentscheidungsprozess auch die Chance, die Kundenschnittstelle zu optimieren. So reduziert sich für die Mehrheit der Kunden nicht nur die Anzahl einzureichender Antragsunterlagen, sondern zusätzlich auch die Wartezeit, da die Kreditentscheidung „[…] unmittelbar und vollumfänglich entschieden und dem Kunden praktisch in Echtzeit präsentiert werden [kann; Anm. d. Verf.].“[115] Neben der Steigerung von Effizienz und Effektivität bei der Kreditvergabe kann durch die Automatisierung der Kreditentscheidung auch die Markttransparenz erhöht werden. Da sich der Aufwand pro Antrag sowohl für Kunden als auch für die Bank deutlich verringert, wird es für potenzielle Kreditnehmer einfacher, realistische Vergleichsangebote einzuholen.

---

[113] Vgl. auch im Folgenden BaFin (2018a), S. 79 ff.

[114] Das Kreditausfallrisiko beschreibt die Gefahr „[…] des teilweise oder vollständigen Ausfalls vertraglich vereinbarter Zins- und Tilgungszahlungen […], die ein Kreditnehmer zu erbringen hat.“ Hölscher (2018), o. S.

[115] Lauterjung (2020), S. 269.

5.2.2 KI-bezogene Risiken und Herausforderungen

5.2.2.1 Technologisch-implementierungsbezogene Herausforderungen

Abschnitt 5.2.1 hat gezeigt, dass es in der Bankenbranche vielfältige Möglichkeiten gibt, um KI einzusetzen. Die Anwendungsbereiche Smart Assistants, Bonitäts- und Liquiditätsanalyse, NBO, Predictive Behavioral Targeting, Robo-Advisors, Geldwäscheprävention, RegTech-Monitoring, Förderung von RPA und Kredit-/Risikomanagement gelten vor dem Hintergrund aktuell bestehender Herausforderungen im Bankensektor als besonders relevant und nützlich, da mithilfe dieser Einsatzgebiete nicht nur die Kundenschnittstelle optimiert, sondern auch regulatorische Anforderungen besser erfüllt und bankspezifische Prozesse effizienter wie auch effektiver ausgestaltet werden können.[116] Allerdings sind mit diesen KI-Lösungen auch bedeutende Risiken bzw. Herausforderungen verbunden, die zur erfolgreichen Implementierung und Nutzung dieser Anwendungen bewältigt werden müssen.[117] Um diese näher zu betrachten und entsprechend zu klassifizieren, soll das sog. Speyerer Four-AI-Challenges Modell angewendet werden, welches zwischen vier grundlegenden Dimensionen von Herausforderungen unterscheidet: technologisch-implementierungsbezogene, rechtlich-regulatorische, ethische sowie soziale Herausforderungen. Im Rahmen der technologisch-implementierungsbezogenen Dimension besteht für eine Bank zum einen die Herausforderung, dafür zu sorgen, dass KI-Anwendungen sicher funktionieren und zu keinen unerwünschten Ergebnissen führen. Da KI-Systeme immer häufiger in Prozesse integriert werden, bei denen Sicherheit und Datenschutz eine maßgebliche Rolle spielen (z. B. im Bereich der digitalen Vermögensverwaltung), erscheint es umso wichtiger, dass „[…] die Systeme nicht nur zuverlässige Vorhersagen treffen, sondern auch Angriffen und Manipulationen widerstehen."[118] Denkbar ist in dem Zusammenhang bspw., dass Hacker versuchen, manipulierte Daten in die Systeme einzuspeisen, um so die KI-gestützten Entscheidungen nach ihrem Willen zu beeinflussen. Die Folge davon könnten nicht nur verzerrte Ergebnisse sein, die bestimmte Kunden diskriminieren, sondern auch grundlegende Kontrollverluste über betroffene KI-Systeme.[119] Auch wenn die KI-Technologie durchaus in der Lage ist, Cyberangriffe und Malware zu identifizieren, ist es aufgrund der oben genannten Gründen sinnvoll, bereits

[116] Vgl. hierzu Abschnitt 5.2.1.

[117] Vgl. auch im Folgenden WIRTZ/WEYERER (2019b), S. 40.

[118] MÜLLER- QUADE et al. (2019), S. 17.

[119] Vgl. auch im Folgenden KAYA (2019a), S. 7 f.

implementierte KI-Lösungen mithilfe von Experten laufend zu überwachen und zu kontrollieren. Zum anderen besteht im Kontext dieser Dimension die Herausforderung, die Qualität und Integration von Systemen und Daten angemessen sicherzustellen, insbesondere weil „[…] Daten entscheidend für den Lernerfolg und somit auch für die Intelligenz bzw. das Leistungsvermögen einer Anwendung sind.“[120] Wichtig ist hierbei nicht nur, dass genügend[121] repräsentative Daten vorhanden sind, da nur so ein KI-Modell adäquat trainiert werden kann, sondern für die erfolgreiche Implementierung der KI ist es auch entscheidend, dass diese Daten eine ausreichende Validität und Qualität aufweisen.[122] Nutzt ein KI-System Datensätze, die fehlerhaft oder unvollständig[123] sind, so führt dies zu verzerrten Analyseergebnissen und möglichen „sunk costs“[124], da Banken ein Erfolgspotenzial in einem bestimmten KI-Anwendungsfall signalisiert werden würde, welches sich am Ende als nicht erfolgsversprechend bewahrheitet. Die Folge davon wäre nicht nur ein falsch zum Tragen kommender Business Case, sondern auch die Verschwendung von begrenzt verfügbaren Ressourcen.

[120] WIRTZ/WEYERER (2019b), S. 40. Vgl. hierzu ferner auch SCHERK et al. (2017), S. 49; PwC (2020), S. 10.

[121] Werden nicht ausreichend relevante Daten zum Trainieren des KI-Modells herangezogen, so leidet darunter nicht nur die Modell-Performance („Underfitting“), sondern dieser Mangel kann auch zu einem Bias führen. Wird eine KI-Anwendung bspw. im Kontext der Kreditvergabe lediglich auf Kundendaten trainiert, die eine sehr gute Bonität aufweisen, dann würden Kunden mit mittlerer Bonität keine Kreditzusage erhalten und somit diskriminiert werden. Die Folgen davon wären nicht nur unzufriedene Kunden, sondern auch verpasste Geschäftsmöglichkeiten. Auf der anderen Seite könnte aber auch eine Überanpassung („Overfitting“) des KI-Modells entstehen, wenn zu viele Trainingsdaten verwendet werden. Das Modell wird dadurch nicht nur komplexer, sondern vor allem ohne zusätzlichen Nutzen zur Problemlösung verkompliziert. Daher ist es bspw. im Rahmen der Liquiditätsprognose wichtig, dass das zum Tragen kommende KI-Modell Daten mit einem hohen Erklärungsgehalt, wie z. B. die Umsatzdaten des Kunden, zur Lösungsfindung verwendet, da sonst falsche Schlussfolgerungen entstehen. Vgl. hierzu AU/HIESE (2021), S. 29. Für die meisten Unternehmen in der Finanzbranche stellt das Fehlen von verfügbaren Daten das größte Hindernis für die Einführung von KI dar. Laut einer Studie von PwC bestätigten dies 69 % der befragten Finanzdienstleistungsunternehmen aus der DACH-Region. Vgl. hierzu PwC (2020), S. 10.

[122] Vgl. auch im Folgenden SCHERK et al. (2017), S. 49 f.; AU/HIESE (2021), S. 28; FESIDIS/GUPTA (2021), S. 26; FRIDGEN et al. (2021), S. 17.

[123] Man spricht in dem Zusammenhang auch von einem Datenselektions-Bias. Vgl. hierzu BAFIN (2018a), S. 30.

[124] Sunk Costs bezeichnet den „Teil der nicht relevanten Kosten, der sich aus den Istkosten vergangener Perioden zusammensetzt, wie z.B. Kosten für in den Vorjahren erfolgte Markterschließungen oder Produktentwicklungen.“ WEBER (2018), o. S.

Zudem ist es zur Identifikation von Muster und Abhängigkeiten nicht nur essenziell, unterschiedliche Datenarten[125] wie z. B. physische Bonitätsunterlagen oder Kontoumsätze aus dem Online-Banking bzw. der Online-Banking App heranzuziehen, sondern darüber hinaus eine Klassifizierung dieser Daten vorzunehmen. Werden z. B. im Rahmen des Kredit-Scorings lediglich digitale Kontoumsätze KI-basiert analysiert, so würde dieses Vorgehen zu falschen Ergebnissen führen, da zu einer umfangreichen Einschätzung des Kreditrisikos auch physische Bonitätsunterlagen ausgewertet werden müssen. AU und HIESE konstatieren hierbei auch, dass „korrekte und wertvolle Schlussfolgerungen [...] nur dann mithilfe von KI-Modellen abgeleitet werden [können; Anm. d. Verf.], wenn die vorliegenden Daten auf dem neuesten Stand gehalten und regelmäßig auf Aktualität geprüft werden."[126] Gerade weil sich die Bedürfnisse der Kunden in der heutigen Zeit rapide ändern können, ist es für eine Bank erfolgsentscheidend, eine technische Infrastruktur zu etablieren, die neue Daten zeitnah bzw. in Echtzeit erfassen kann. Eine weitere technologisch-implementierungsbezogene Herausforderung besteht in der finanziellen Machbarkeit von KI-Projekten.[127] Budgetrestriktionen zählen dabei zu einer der größten Hindernisse, wenn es um die Einführung von KI-Anwendungen geht.[128] Ein wesentlicher Kostentreiber für viele Banken stellt dabei ihre veraltete IT-Infrastruktur dar, die den Anforderungen moderner KI-Technologien in weiten Teilen nicht gerecht wird.[129] So werden z. B. Daten innerhalb vieler Banksysteme noch dezentral gespeichert und können daher nicht systemübergreifend genutzt werden.[130] Je nach KI-Anwendung müssen Banken daher zunächst in ihre technologische Infrastruktur investieren, damit Datensilos

---

[125] Werden immer die gleichen Trainingsdaten verwendet, so kann dadurch ebenfalls ein überangepasstes („Overfitting") KI-Modell entstehen. Es besteht hierbei das Risiko, dass sich das Modell zu sehr an die zugrunde liegenden Trainingsdaten gewöhnt und somit blind für weitere Datenmuster wird. Vgl. hierzu AU/HIESE (2021), S. 29.

[126] AU/HIESE (2021), S. 28.

[127] Vgl. WIRTZ/WEYERER (2019b), S. 40.

[128] 67 % der von PwC befragten Finanzdienstleistungsunternehmen, die innerhalb der DACH-Region tätig sind, gaben dabei an, über ein nicht ausreichendes Budget für KI-Projekte zu verfügen. Laut den Studienteilnehmern würde der Großteil der bereitgestellten finanziellen Mittel in Legacy-Systeme investiert, um die digitale Transformation voranzutreiben. Vgl. hierzu PwC (2020), S. 10 f.

[129] Vgl. auch im Folgenden AU/HIESE (2021), S. 27; FESIDIS/GUPTA (2021), S. 25; GARZELLI (2021), S. 84.

[130] Lediglich 30 % der DACH-Region Banken greifen auf eine zentrale Datenspeicherung, -verarbeitung und -analyse zurück. Vgl. hierzu PwC (2020), S. 11.

zusammengefügt und „[…] eine Erfassung von Vorgängen und Zuständen in Echtzeit und eine vollständige Sicht auf den Kunden möglich werden […].“[131] Dazu ist es allerdings nicht zwingend notwendig, eine komplett neue IT-Infrastruktur zu implementieren. Vielmehr lassen sich KI-Anwendungen mithilfe sog. Cloud-Technologien[132] in bestehende Banksysteme integrieren, wodurch der zeitliche, finanzielle und logistische Einführungsaufwand signifikant gesenkt werden kann. Schließlich spielen für Banken auch die Spezialisierung und Expertise eine entscheidende Rolle, wenn es um die Implementierung von neuen KI-Anwendungen geht.[133] Aufgrund der Dynamisierung der KI-Entwicklung in den vergangenen Jahren ist die weltweite Nachfrage nach entsprechenden Experten stark angestiegen. Dies spiegeln auch aktuelle Stellenausschreibungen wider, in welchen KI-Kenntnisse zur Wahrnehmung der jeweiligen Tätigkeit vermehrt vorausgesetzt werden.[134] Gerade Kompetenzen wie z. B. fachliches Wissen, Projekterfahrung, analytische Fähigkeiten und Programmierkenntnisse sind eine Grundvoraussetzung dafür, um ein erfolgreiches KI-Projekt zu realisieren. Das Problem hierbei ist, dass Experten oder auch talentierte Neueinsteiger, die genau über solche Fertigkeiten verfügen, eine derzeitige „Mangelware“[135] darstellen und sich die KI-Implementierung dadurch als zunehmend schwierig gestaltet.

5.2.2.2 Rechtlich-regulatorische Herausforderungen

Im Rahmen der rechtlich-regulatorischen Dimension besteht zum einen die Herausforderung „[…] die häufig intransparente Entscheidungs- und Handlungsweise

---

[131] FESIDIS/GUPTA (2021), S. 25.

[132] Vgl. hierzu Abschnitt 2.3.4. Cloud ermöglicht Banken eine schnelle und kostengünstige Analyse von großvolumigen Datenmengen (Big Data). Mithilfe von strategischen Partnerschaften (z. B. Amazon Web Services, Google Cloud Platform oder Microsoft) kann dabei nicht nur die IT-Landschaft effizient modernisiert, sondern letztendlich auch die digitale Transformation der Institute schneller vorangetrieben werden. Vgl. hierzu AU/HIESE (2021), S. 27.

[133] Vgl. auch im Folgenden WIRTZ/WEYERER (2019b), S. 40 f.; PwC (2020), S. 11; FESIDIS/GUPTA (2021), S. 25; FRIDGEN et al. (2021), S. 18.

[134] Die Anzahl dieser Stellenanzeigen ist allein im Jahr 2019 um 60 % gestiegen, sodass es nicht überraschend erscheint, wenn Unternehmen von einem Krieg der KI-Talente sprechen. Vgl. hierzu PwC (2020), S. 11.

[135] 64 % der von PwC befragten Finanzdienstleistungsunternehmen sehen fehlende KI-Fähigkeiten von Mitarbeiter als ein zentrales Hindernis für die Einführung von KI. Vgl. hierzu PwC (2020), S. 10.

von KI-Anwendungen zu verstehen und zu kontrollieren.“[136] In dem Zusammenhang kann konstatiert werden, dass die Nachvollziehbarkeit des zugrunde liegenden KI-Modells sehr stark vom verwendeten Algorithmus abhängt.[137] Während die klassischen regelbasierten Verfahren eine hohe Transparenz hinsichtlich der verwendeten Regeln und den daraus abgeleiteten Entscheidungen aufweisen, sind die Ergebnisse weiterentwickelter KI-Verfahren wie dem unüberwachten Lernen mit einem erweiterten Erklärungsaufwand verbunden. Eine Bank kann dieser Problematik entgegenwirken, indem sie eine stringente Governance etabliert, die eine verständliche und zuverlässige Erklärbarkeit der KI-basierten Entscheidungen ermöglicht.[138] Der Aufbau eines solchen Governance-Systems, das sämtliche KI-spezifischen Aspekte und Risiken berücksichtigt, ist allerdings komplex, „[…] da neben dem Staat auch die Einbindung anderer relevanter Anspruchsgruppen erforderlich ist und zudem kulturelle sowie nationalrechtliche Besonderheiten in Einklang gebracht werden müssen.“[139] Weitere Herausforderungen, die dem rechtlich-regulatorischen Bereich zugeordnet werden können, betreffen den Datenschutz wie auch die Datensicherheit. Gemäß der EU-Datenschutzgrundverordnung, welche im Jahr 2018 in Kraft getreten ist, bestehen bezüglich der automatisierten Entscheidungsfindung präventive Regelungen, die alle Sektoren und somit auch die Finanzbranche betreffen.[140] So sagt Artikel 22 der DSGVO bspw. folgendes aus: „Die betroffene Person hat das Recht, nicht einer ausschließlich auf einer automatisierten Verarbeitung – einschließlich Profiling – beruhenden Entscheidung unterworfen zu werden, die ihr gegenüber rechtliche Wirkung entfaltet oder sie in ähnlicher Weise erheblich beeinträchtigt.“[141] Diese Klausel stellt für KI-Anwendungen eine Herausforderung dar, da sie per Definition genau solche Entscheidungen treffen. Um trotzdem die Einschränkungen des Artikels 22 umsetzen zu können, müsste eine Bank ihre KI

---

[136] WIRTZ/WEYERER (2019b), S. 41. Die Intransparenz über KI-basierte Ergebnisse wird häufig als Blackbox-Problematik bezeichnet. Vgl. hierzu KAYA (2019a), S. 7; BAUER/HINZ/WEBER (2021), S. 6; FESIDIS/GUPTA (2021), S. 26; NEU et al. (2022), S. 79. In dem Zusammenhang geben allerdings nur 27 % der von PwC befragten Finanzdienstleistungsinstitute an, dass die fehlende Transparenz von KI-Algorithmen (Blackbox) ein Hindernis für die Einführung von KI darstellt. Vgl. hierzu PwC (2020), S. 10.

[137] Vgl. auch im Folgenden BAFIN (2018a), S. 89.

[138] Vgl. BAFIN (2018a), S. 83; PwC (2023), S. 20.

[139] WIRTZ/WEYERER (2019b), S. 41. Neben dem Regulator gehören z. B. auch interne Prüfer zu einer der Anspruchsgruppen. Vgl. hierzu PwC (2020), S. 11.

[140] Vgl. auch im Folgenden KAYA (2019a), S. 7. Vgl. hierzu ferner auch FRIDGEN et al. (2021), S. 25.

[141] VERORDNUNG (EU) 2016/679, Artikel 22 Abs. 1.

gesteuerten Prozesse entsprechend anpassen. So könnte sie z. B. im Rahmen der automatisierten Kreditentscheidung einen manuellen Prozessschritt implementieren, der die KI-basierte Entscheidung final bestätigt oder ablehnt. Darüber hinaus beinhaltet Artikel 13 der DSGVO diverse Offenlegungsvorschriften. Sollte z. B. eine KI-Anwendung einem Kunden die Kontoeröffnung oder Kreditgewährung ablehnen, so hat dieser das Recht, über die konkreten Ablehnungsgründe informiert zu werden. Artikel 13 verlangt hierbei nicht, dass der Quellcode des KI-Algorithmus im Detail offengelegt wird, sondern es müssen vielmehr Angaben über die involvierte Logik und somit über die zum Tragen kommenden Parameter gemacht werden.[142] In jedem Fall ist anzunehmen, dass Eingriffe von Programmierer notwendig werden, um diese und viele weitere Datenschutzbestimmungen zu erfüllen.[143] Diese Maßnahmen haben wiederum zur Folge, dass die zu erwarteten Effizienzgewinne durch den Einsatz von KI geringer ausfallen.[144]

5.2.2.3 Ethische Herausforderungen

Im Bereich der ethischen Dimension stellt vor allem die KI-basierte Diskriminierung eine bedeutsame Herausforderung für eine Bank dar. In Anbetracht der Tatsache, dass der Mensch „[…] sowohl für die Programmierung von KI-Anwendungen verantwortlich ist als auch eine Datenquelle hierfür darstellt, können auch menschliche Werthaltungen und Vorurteile auf KI-Anwendungen übertragen werden."[145] Aufgrund dessen bringen KI-Systeme das Potenzial mit,

---

[142] Vgl. VERORDNUNG (EU) 2016/679, Artikel 13 Abs. 2 Buchstabe f.

[143] So muss z. B. gemäß der DSGVO „[…] bei personenbezogenen Daten, die sich dadurch auszeichnen, dass sie einer individuellen Person direkt zugeordnet werden können, das Einverständnis vom Kunden zur Verarbeitung zu den beabsichtigten Zwecken eingeholt werden." FESIDIS/GUPTA (2021), S. 26. Vgl. hierzu ferner auch VERORDNUNG (EU) 2016/679, Artikel 6 Abs. 1 Buchstabe a. Wichtig ist in dem Zusammenhang auch, dass die Bank transparent aufzeigt, welche Daten sie in welchem Umfang konkret verarbeitet. Vgl. hierzu FESIDIS/GUPTA (2021), S. 26. Entscheidet sich ein Kunde bspw. dazu private oder geschäftliche Daten zur Beantragung eines Kredits offenzulegen, so muss die Bank sicherstellen, dass diese sensible Daten auch nur im Rahmen des Kreditvergabeprozesses verwendet werden. Vgl. BAFIN (2018a), S. 83. Darüber hinaus sollte die Bank zur Aufrechterhaltung der Datensicherheit „[…] die mit der Verarbeitung verbundenen Risiken ermitteln und Maßnahmen zu ihrer Eindämmung, wie etwa eine Verschlüsselung, treffen." VERORDNUNG (EU) 2016/679, Abs. 83. Kundenspezifische Daten, die durch KI-Anwendungen verarbeitet bzw. zur Verfügung gestellt werden, können so z. B. auch vor Cyberangriffen geschützt werden.

[144] Generell hindern datenschutzrechtliche Bestimmungen Unternehmen daran, KI einzuführen. Dies bestätigen 63 % der von PwC befragten Finanzdienstleistungsunternehmen aus der DACH-Region. Vgl. hierzu PwC (2020), S. 11.

[145] WIRTZ/WEYERER (2019b), S. 42.

bestimmte Personengruppen zu diskriminieren. Bei einer Bank besteht dieses Risiko z. B. im Bereich der KI-gestützten Bonitätsprüfung.[146] In dem Zusammenhang können inkorrekte Annahmen, mangelnde Datenqualität, Nichteinhalten der Modellgrenzen oder unsachgemäße Verwendung des KI-Modells nicht intendierte Kreditentscheidungen hervorrufen und letztendlich dazu führen, dass bestimmte Kundengruppen keine Bankkredite erhalten oder diese nur zu vergleichsweise schlechteren Konditionen angeboten bekommen. Auch wenn Algorithmen dazu beitragen können, Prozesse und Entscheidungen objektiver zu gestalten, so müssen doch gerade die Fälle „[...], die in den Datengrundlagen wenig repräsentiert sind, in der Ablehnung eines Kreditgesuchs münden – oder in einen stärker manuell bearbeiteten und damit aus Sicht der Kreditinstitute kostspieligeren Prozess."[147] Hierbei muss allerdings erwähnt werden, dass das Risiko einer solchen Diskriminierung auch bei einer manuell durchgeführten Bonitätsprüfung besteht. Hat eine Bank jedoch ihre Kreditentscheidung mithilfe von KI automatisiert, so entfällt für den Kunden die Möglichkeit, einem Bankberater nähere Hintergrundinformationen zur Verfügung zu stellen, die trotz gegenteilig indizierender KI-Parameter eine Kreditgenehmigung herbeiführen könnten. Eine Bank steht somit vor der Herausforderung, Maßnahmen zur Identifizierung, Beseitigung und Verhinderung von KI-basierter Diskriminierung zu entwickeln, sodass ethische Grundsätze wie bspw. Gleichberechtigung und Gerechtigkeit von Seiten der Bank eingehalten werden können.[148]

5.2.2.4 Soziale Herausforderungen

Eine zentrale soziale Herausforderung, mit der sich eine Bank im Rahmen der KI-Implementierung beschäftigen muss, betrifft die Veränderungsangst von Mitarbeitern.[149] So sind sich auf der einen Seite Experten einig darüber, dass in Zukunft eine Vielzahl von Arbeitsplätzen durch KI-Anwendungen ersetzt wird.[150] Auf der anderen Seite werden laut Schätzungen aber auch menschliche Arbeitskräfte künftig vermehrt durch KI-basierte Anwendungen unterstützt, „[...] was sowohl eine Veränderung bestehender als auch die Entstehung neuer

---

[146] Vgl. auch im Folgenden BAFIN (2018a), S. 83; NEUHAUS (2018), o. S.; NEUHAUS (2022), S. 11.

[147] BAFIN (2018a), S. 83.

[148] Vgl. WIRTZ/WEYERER (2019b), S. 42.

[149] Vgl. GARZELLI (2020), S. 84.

[150] Vgl. NEU et al. (2022), S. 76. Laut einer Studie der beiden Ökonomen CARL FREY und MICHAEL OSBORNE könnten Roboter und intelligente Software in den nächsten zehn bis 20 Jahren 47 % aller US-amerikanischen Arbeitsplätze übernehmen. Vgl. hierzu NEU et al. (2022), S. 76.

Anforderungs- und Aufgabenprofile mit sich bringt […].“[151] In Anbetracht dessen erscheint es durchaus verständlich, dass Mitarbeiter nicht nur besorgt darüber sind, den fachlichen Anforderungen nicht zu entsprechen oder Schwierigkeiten mit anwendungsbezogenen Technologien zu haben, sondern auch die Befürchtung hegen, vollständig durch digitale Prozesse und Maschinen ersetzt zu werden.[152] Aufgrund dessen ist es für eine langfristig erfolgreiche und gewinnbringende KI-Implementierung zwingend erforderlich, dass ein Umdenken in den Köpfen aller Bankmitarbeiter stattfindet. Erst wenn den neuen KI-Lösungen mit Offenheit und Flexibilität begegnet wird, können Maschinen und Algorithmen ihr volles Potenzial entfalten, indem sie Mitarbeiter in ihrer alltäglichen Arbeit unterstützen und das bankspezifische Produktangebot insgesamt verbessern. Für Banken besteht daher zum einen die Herausforderung, diesen Umdenkprozess zu begleiten, indem sie z. B. gezielte Schulungen und Weiterbildungsmaßnahmen anbieten, um Mitarbeiter mit den neuen Anwendungen und ihrer Handhabung vertraut zu machen.[153] Zum anderen stehen Banken aber auch vor der herausfordernden Aufgabe, „[…] entsprechenden Bedenken innerhalb der Gesellschaft entgegenzuwirken sowie soziale Akzeptanz und Vertrauen in Bezug auf KI-Anwendungen zu schaffen.“[154]

---

[151] WIRTZ/WEYERER (2019b), S. 42. Vgl. hierzu ferner auch PwC (2020), S. 11.

[152] Vgl. auch im Folgenden GARZELLI (2020), S. 84. So gehen bspw. 42 % der deutschen Bankangestellten davon aus, dass durch die Einführung von intelligenten Technologien die Komplexität ihrer Arbeit steigen wird. Vgl. hierzu ACCENTURE (2018), S. 8.

[153] Wichtig ist, dass ein KI-Grundverständnis, wie auch ein Bewusstsein für die Technologie im Unternehmen aufgebaut wird. Vgl. hierzu PwC (2023), S. 19. Das Problem hierbei ist, dass Banken der KI-bezogenen Mitarbeiterschulung derzeit keine hohe Priorität einräumen. Aufgrund dessen erscheint es nicht verwunderlich, dass nur 33 % der Führungskräfte die Fähigkeiten ihrer Teams als ausreichend genug einschätzen, um grundsätzlich mit intelligenten Technologien zu arbeiten. Zur Förderung der mitarbeiterbezogenen KI-Kompetenzen, sollte das Bankmanagement nicht nur eine Kultur des Vorlebens etablieren, sondern auch neue Formen des Lernens wie z. B. Mentoring oder Team- und Networking einführen. Vgl. hierzu ACCENTURE (2018), S. 8 f.

[154] WIRTZ/WEYERER (2019b), S. 42.

6 Fazit

Die Bankenbranche fühlt sich im Zeitalter der Digitalisierung mit vielen neuen Herausforderungen konfrontiert. So führen nicht zuletzt neue technologische Möglichkeiten, aber auch die zunehmende Verbreitung des Internets dazu, dass Kunden ihr Informations- und Kaufverhalten den veränderten Gegebenheiten anpassen und neue Erwartungen an das bankspezifische Produkt- und Dienstleistungsangebot kommunizieren. Der Kunde ist anspruchsvoller, informiert sich eigenständig, nutzt Vergleichsportale, spricht Empfehlungen aus und beteiligt sich aktiv an der öffentlichen Meinungsbildung und dem Beratungs- und Verkaufsprozess. Für ihn ist der Preis eines der wichtigsten Merkmale, den Banken im Wettbewerb voneinander differenziert, wobei er dennoch eine hohe Dienstleistungs- und Produktqualität fordert. Insbesondere die jüngeren Kundengruppen, denen aufgrund des demografischen Wandels eine steigende Relevanz zugesprochen werden kann, erwarten wie selbstverständlich, dass ihnen bestimmte Bankdienstleistungen rund um die Uhr kostenfrei und über verschiedene Zugangsmöglichkeiten zur Verfügung stehen. Banken stehen daher vor der Herausforderung hochwertige Dienstleistungen über alle Kanäle hinweg anzubieten, sodass ein geschlossenes Kundenerlebnis entsteht, welches für Begeisterung sorgt. Hierbei gilt es vor allem Barrieren, Medienbrüche und lange Wartezeiten abzubauen und dem Kunden stets die Möglichkeit zu bieten, Produkte einfach und schnell digital abzuschließen. Das klassische Banking, welches häufig noch physisch abgewickelt wird, sollte daher digitalisiert werden, damit Kunden eine individualisierte Finanzlösung zu jeder Zeit und an jedem Ort günstig, schnell und intuitiv zur Verfügung gestellt werden kann. Darüber hinaus ist

T. M. König, *Künstliche Intelligenz in der Bankenbranche*, BestMasters,
https://doi.org/10.1007/978-3-658-50828-9_6

es dem Kunden von heute wichtig zu passenden Anlässen, also z. B. gerade dann, wenn ein Informationsbedarf entsteht, von der Bank beraten zu werden. Er wünscht sich eine bequeme, schnelle und flexible Beratungsleistung, wodurch traditionelle Institute nicht nur ihr Angebotsportfolio überarbeiten, sondern auch ihr Customer-Relationship-Management den veränderten Erwartungen anpassen muss. Angesichts dieser klaren Erwartungshaltung und der Bereitschaft der Kunden, die notwendigen Schritte einzuleiten, um ihre Bedürfnisse zu erfüllen, ist es für Banken zur Aufrechterhaltung ihrer Wettbewerbsfähigkeit unerlässlich, diesen Ansprüchen vollumfänglich gerecht zu werden. Hinzu kommt, dass sich im Zuge des digitalen Wandels neue Akteure im Finanzdienstleistungssektor etabliert haben, die in Gestalt von sog. FinTechs und BigTechs für einen verstärkten Wettbewerb sorgen und das klassische Bankgeschäft auf den Prüfstand stellen. Da diese Technologieunternehmen mit ihren schnellen, preiswerten, kundenorientierten und innovativen Finanzlösungen kontinuierlich neue Standards setzen, ist es für Banken dringend erforderlich, ihre Investitionen in moderne Technologien zu verstärken und sie fest in den Kern ihrer Geschäftsstrategie zu integrieren. Des Weiteren werden Banken seit der Finanzkrise im Jahr 2007 mit steigenden regulatorischen Anforderungen konfrontiert, deren Umsetzung nicht nur zeitliche, sondern auch finanzielle Ressourcen beansprucht. So zeichnet sich die derzeitige Regulatorik durch eine steigende Anzahl von Vorgaben, zunehmende Komplexität und Vernetzung der einzelnen Richtlinien sowie knappe Umsetzungsfristen aus. Sie stellt nicht nur einen der bedeutendsten Kostenfaktoren dar, da Banken ihre veralteten Prozesse und Systeme den veränderten regulatorischen Anforderungen anpassen müssen, sondern der Regulator zwingt die Institute auch indirekt dazu, Prozess- und Produktinnovationen zu forcieren. Vor dem Hintergrund der Digitalisierung hat sich der Umfang der Regulationen für Banken nochmals erweitert. So sind mit SEPA, T2S, PSD2 und MiFID 1 und 2 neue Anforderungen an die Geschäftsprozesse und Systemarchitekturen der Banken entstanden, deren schnelle und konsequente Umsetzung am Markt prämiert wird. Die Analyse bestehender Literatur wie auch Studien hat gezeigt, dass die KI-Technologie traditionellen Banken dabei helfen kann, genau diesen Herausforderungen zu begegnen. Im Frontoffice, also an der direkten Schnittstelle zum Kunden, kann KI z. B. in Form von sog. Chatbots eingesetzt werden. Es handelt sich hierbei um digitale Assistenten, die per Textnachricht oder telefonisch mit dem Kunden interagieren und deren Anliegen ohne Beteiligung eines Bankmitarbeiters bearbeiten können. Konkrete Anwendungsmöglichkeiten finden sich z. B. im Bereich des Kundenservices, des persönlichen Finanzmanagements oder des Retail Bankings. Chatbots können dabei nicht nur Kundenanfragen beantworten oder alltägliche Serviceaufträge wie z. B. das Sperren einer Bankkarte abwickeln, sondern sie können auch Ratschläge zum Sparen geben, Überweisungen initiieren und Kontostandsprüfungen durchführen. Darüber hinaus sind KI-gestützte Chatbots in der Lage, eigenständig zu lernen, wodurch auch individuelle und komplizierte Fragen hilfreich und korrekt beantwortet werden können. Weiterhin besteht für Banken die Möglichkeit eine Schnittstelle zu Sprachassistenten zur Verfügung stellen, sodass Kunden über Voice-First-Plattformen wie z. B. Amazon, Alexa, Siri oder Google Home per Sprachbefehl Kontoinformationen abrufen oder über gezielte Fragestellungen Konsumentscheidungen optimierter treffen können. Letztendlich bieten diese Smart Assistants eine benutzerfreundliche digitale Beratung an, die nicht nur 24/7 zur Verfügung steht, sondern auch qualitativ hochwertige Ergebnisse liefert. Dem Wunsch des Bankkunden nach einer bequemen, schnellen und flexiblen Beratungsleistung, die situationsabhängig in Anspruch genommen werden kann, kann mit solchen KI-gestützten Lösungen folglich Genüge getan werden. Darüber hinaus ist die KI-Technologie dazu in der Lage, die Datenermittlung zur Bonitätsprüfung sowohl für das Kreditinstitut als auch für den Kunden zu vereinfachen. So können mithilfe von KI bonitätsrelevante Informationen aus vorliegenden Transaktionsdaten herausgefiltert und über ein intelligentes Tagging-Verfahren passenden Oberkategorien wie z. B. Einkommen oder Mietzahlungen zugeordnet werden. Für einen Kreditantragsteller sinkt dadurch nicht nur der Aufwand, da sich die Anzahl einzureichender Kreditunterlagen reduziert, sondern der Kunde spart im Ergebnis auch Zeit, da durch die KI-Komponente manuelle Prozessschritte wegfallen und der Kreditentscheidungsprozess dadurch insgesamt beschleunigt wird. Zusätzlich kann eine Bank mithilfe der KI-gestützten Transaktionsdatenanalyse personalisierte Angebote gestalten und individuelle Kundenbedürfnisse befriedigen. Hierzu werden Kunden gemäß dem Next Best Offer Konzept anhand ihrer Transaktionsdaten definierten Profilen zugeordnet, um diesen z. B. je nach Alters- oder Einkommensklasse personalisierte Produktangebote zu offerieren. Wechselseitige Wirkungszusammenhänge können dadurch erkannt und die Qualität der Produktempfehlung erhöht werden. Gemäß dem Prinzip des Predictive Behavioral Targeting besteht für eine Bank sogar die Möglichkeit, mithilfe von KNN und Deep-Learning-Methoden anstehende Kaufentscheidungen zu prognostizieren. Eine Bank kann dadurch ihre Produktkampagnen steuern und diese besser an den Bedürfnissen ihrer Kunden ausrichten. Weiterhin kann ein Kreditinstitut KI dazu einsetzen, um innovative Lösungen im Bereich der Liquiditätsplanung oder dem Vermögensmanagement anzubieten. Dadurch können z. B. Firmenkunden frühzeitig gewarnt werden, wenn die Unterdeckung eines Geschäftskontos droht oder Bankkunden mithilfe von Robo-Advisors eine automatisierte Vermögensverwaltung offeriert werden. Gerade weil die KI-gestützten Robo-Advisors über verschiedene Kanäle wie z. B.

mobile Smartphone Apps oder Internet-Portale genutzt werden können und der Service jederzeit zur Verfügung steht, kann dem Wunsch des Kunden nach individualisierten Finanzlösungen, die günstig, schnell und intuitiv zu jeder Zeit und an jedem Ort zur Verfügung stehen besonders entsprochen werden. Im Bereich des Middleoffice kann die KI-Technologie Banken vor allem dabei unterstützen, regulatorische Anforderungen effizienter und qualitativ besser zu erfüllen. So können z. B. im Rahmen der Geldwäscheverdachtsprüfung mit KI-Techniken bisher unerkannte Muster wie Zahlenanomalien identifiziert und wiederkehrende Transaktionen unterhalb der geldwäscherelevanten Schwellenwerte erkannt werden. Zudem sind KI-Systeme, die einen stetigen Lernprozess verfolgen dazu fähig, False Positives bzw. wiederkehrende gleiche oder ähnliche Warnmeldungen herauszufiltern und zu unterdrücken. Banken haben mithilfe der BDAI-gestützten Transaktionsüberwachung folglich nicht nur die Chance, Geldwäsche effektiver zu erkennen, sondern auch die Möglichkeit, ungerechtfertigte Verdachtsfälle sowie den damit in Zusammenhang stehenden manuellen Prüfungsaufwand zu reduzieren. In dem Zusammenhang können auch RechTech-Anwendungen Kreditinstitute dabei unterstützen, ihre regulatorischen Anforderungen präziser und mit geringerem Aufwand zu erfüllen. Gerade vor dem Hintergrund stetig steigender Anforderungen seitens der Regulierungsbehörden ergeben sich für eine Bank mithilfe des KI-gestützten Monitoring-Prozesses verschiedene Chancen. Hierbei versetzt die KI-Technologie Banken in die Lage, regulatorische Neuerungen schnell zu erkennen, deren bankbezogene Relevanz, Anwendbarkeit und interne Strukturauswirkung automatisiert zu analysieren, wie auch zu bewerten. Zusätzlich können RPA-basierte Kontrollmechanismen dazu beitragen, dass relevante Vorschriften vollumfänglich in allen Bankbereichen umgesetzt werden. Letztendlich ermöglichen KI-gestützte RegTech-Anwendungen eine schnelle und konsequente Umsetzung von regulatorischen Neuerungen, wodurch auch etwaige Wettbewerbsnachteile vermieden werden können. In den Backoffice Bereichen einer Bank kann KI hingegen dazu verwendet werden, um Prozesse schneller wie auch effizienter auszugestalten. Hierbei kann die Technologie vor allem den Anwendungsbereich von RPA erweitern, da sie unzureichend strukturierte Eingabedaten für den RPA-Einsatz aufbereiten kann. So wird es mithilfe von ML-basierten Verfahren wie OCR oder NLP bspw. möglich, dass von Kunden eingereichte Kreditunterlagen automatisiert verarbeitet werden können, wodurch der gesamte Backoffice-Prozess an Effizienz und Schnelligkeit gewinnt. Zudem kann BDAI dazu genutzt werden, um die Kreditentscheidung zu automatisieren. Hierzu werden kundenspezifische Transaktionsdaten KI-gestützt analysiert und anhand der daraus gewonnenen Informationen die kundenbezogene Bonität wie auch das maximale Kreditlimit berechnet. Gleichzeitig erlaubt die cash-flow-basierte Transaktionsdatenanalyse das Erkennen von negativen Bonitätsentwicklungen, wodurch dem Kreditausfallrisiko entgegengesteuert werden kann. Neben der Verbesserung des Kreditrisikomanagements besteht durch den transaktionsbasierten und KI-gestützten Kreditentscheidungsprozess vor allem die Chance, die Kundenschnittstelle zu verbessern. So reduziert sich für die Mehrheit der Kunden nicht nur die Anzahl einzureichender Kreditantragsunterlagen, sondern zusätzlich auch die Wartezeit, da dem Kunden die Kreditentscheidung nahezu in Echtzeit mitgeteilt werden kann. Darüber hinaus erhöht die Automatisierung der Kreditentscheidung die Transparenz des Marktes, da der Kunde schnelle, einfache und kostengünstige Vergleichsangebote einholen kann.

Es zeigt sich, dass es für Banken vielfältige KI-Einsatzmöglichkeiten gibt, um die derzeitigen Herausforderungen der Branche zu bewältigen. Allerdings sind mit diesen KI-Lösungen auch bedeutende Risiken bzw. Herausforderungen verbunden, die Kreditinstitute zur erfolgreichen Implementierung und Nutzung dieser Anwendungen bewältigen müssen. So besteht für eine Bank im Bereich der technologisch-implementierungsbezogenen Dimension zum einen die Herausforderung, dafür zu sorgen, dass die KI-Anwendungen sicher funktionieren und zu keinen unerwünschten Ergebnissen führen. Wichtig ist hierbei nicht nur, dass die Systeme zuverlässige Vorhersagen treffen, sondern auch Angriffen und Manipulationen widerstehen können. Beabsichtigen bspw. Hacker KI-gestützte Entscheidungen mithilfe von manipulierten Daten zu beeinflussen, so kann dies nicht nur dazu führen, dass Kunden aufgrund der Verzerrung von Ergebnissen diskriminiert werden, sondern Cyberangriffe können auch dazu führen, dass Banken KI-Systeme nicht mehr kontrollieren können. Aufgrund dessen erscheint es sinnvoll, bereits implementierte KI-Lösungen mithilfe von Experten laufend zu überwachen und zu kontrollieren. Zum anderen besteht für ein Kreditinstitut die Herausforderung, die Qualität und Integration von Systemen und Daten angemessen sicherzustellen. Wichtig ist hierbei vor allem, dass der KI ausreichend repräsentative Daten vorliegen, die zugleich eine ausreichende Validität bzw. Qualität, Vielfalt wie auch Aktualität aufweisen. Nur so kann ein KI-Modell adäquat lernen, verzerrte Analyseergebnisse vermieden und Kundenbedürfnisse optimal befriedigt werden. Eine weitere Herausforderung, mit der Banken im Rahmen der KI-Implementierung konfrontiert werden, betrifft die finanzielle Machbarkeit von KI-Projekten. Budgetrestriktionen stellen dabei eines der größten Hindernisse dar, wenn es um die Einführung von KI-Anwendungen geht. Da viele Banken noch eine veraltete IT-Infrastruktur aufweisen und Daten aufgrund der dezentralen Speicherung nicht systemübergreifend genutzt werden können, müssen Banken zunächst in ihre technologische Infrastruktur investieren. Cloud-Technologien bieten hierbei eine kostengünstige Lösung, über die KI-Anwendungen in bestehende Banksysteme integriert werden können. Darüber hinaus stellen fehlende KI-Fähigkeiten von Mitarbeiter ein weiteres zentrales Hindernis für die Einführung von KI dar. Ein erfolgreiches KI-Projekt erfordert Kompetenzen wie z. B. fachliches Wissen, Projekterfahrung, analytische Fähigkeiten und Programmierkenntnisse. Da ein Angebot an Experten oder talentierten Neueinsteigern, die genau über solche Kompetenzen verfügen, derzeit kaum existiert, gestaltet sich die KI-Implementierung für eine Bank als zunehmend schwierig. Rechtlich-regulatorische Herausforderungen, mit denen sich Banken im Rahmen der KI-Einführung beschäftigen müssen, betreffen die Gonvernance autonomer, intelligenter Systeme wie auch den Datenschutz und die Datensicherheit. Um der KI-bezogenen Blackbox-Problematik entgegenzuwirken, sollte eine Bank eine stringente Governance etablieren, die eine verständliche und zuverlässige Erklärbarkeit von KI-basierten Entscheidungen ermöglicht. Der Aufbau eines solchen Governance-Systems ist allerdings komplex, da neben den staatlichen Aufsichtsbehörden viele weitere Anspruchsgruppen eingebunden und kulturelle wie auch nationalrechtliche Besonderheiten berücksichtigt werden müssen. Zudem muss eine Bank umfangreiche datenschutzrechtliche Anforderungen erfüllen, wenn sie auf KI-Lösungen zurückgreift. So muss sie zum einen sicherstellen, dass Kunden nicht ausschließlich automatisierten Entscheidungen unterworfen werden. Zum anderen ist ein Kreditinstitut aber auch dazu verpflichtet, KI-bezogene Entscheidungen begründbar darzulegen, indem z. B. Angaben zur involvierten Logik des Algorithmus gemacht werden. Gleichwohl muss die Bank gewährleisten, dass sensible Daten nur für die vereinbarten Zwecke von KI-Anwendungen genutzt bzw. verarbeitet und diese durch geeignete Verschlüsselungsmaßnahmen vor den Zugriffen Dritter geschützt werden. Vor diesem Hintergrund ist anzunehmen, dass Eingriffe von Programmierer notwendig werden, damit eine Bank diese wie auch viele weitere Datenschutzbestimmungen erfüllen kann. Da KI-Systeme das Potenzial mit sich bringen, bestimmte Personengruppen zu diskriminieren, besteht für eine Bank zusätzlich die Herausforderung, Maßnahmen zur Identifizierung, Beseitigung und Verhinderung von KI-basierter Diskriminierung zu entwickeln. So können z. B. falsche Annahmen oder Datenqualitätsmängel dazu führen, dass die KI nicht intendierte Kreditentscheidungen trifft, wodurch bestimmte Kundengruppen von der Kreditvergabe ausgeschlossen werden können. Wichtig ist es daher, dass ethische Grundsätze wie bspw. Gleichberechtigung und Gerechtigkeit von Seiten der Bank eingehalten werden. Zuletzt müssen sich Banken auch mit sozialen Herausforderungen wie der Veränderungsangst von Mitarbeitern beschäftigen. In dem Zusammenhang ist es wichtig, dass ein Umdenken in den Köpfen der Bankmitarbeiter stattfindet, da KI-Lösungen ihr volles Potenzial nur entfalten können, wenn ihnen mit Offenheit und Flexibilität begegnet wird. Banken stehen daher vor der Herausforderung, diesen Umdenkprozess mit gezielten Schulungs- und Weiterbildungsmaßnahmen zu begleiten, damit Mitarbeiter mit den neuen Anwendungen und ihrer Handhabung vertraut gemacht werden können. Zudem stehen Banken auch vor der herausfordernden Aufgabe, gesellschaftliche Bedenken hinsichtlich der Technologie entgegenzuwirken und deren Akzeptanz zu fördern.

Abschließend kann konstatiert werden, dass die KI-Technologie, obwohl sie sich noch in den frühen Phasen ihrer Entwicklung befindet, ein beträchtliches Potenzial besitzt, die gegenwärtigen Herausforderungen in der Bankenbranche zu bewältigen. Es ist jedoch von wesentlicher Bedeutung, dass Banken die damit verbundenen Risiken angemessen berücksichtigen. Die optimale Nutzung von KI erfordert ein ausgewogenes Verständnis für ihre Chancen und Risiken, um nachhaltige und effektive Lösungen zu entwickeln, die die Branche in eine zukunftsfähige Richtung lenken.

Literaturverzeichnis

ACCENTURE (2018): Future Workforce Studie – Mit Künstlicher Intelligenz zu neuem Wachstum im Bankensektor, URL: https://docplayer.org/114833820-Future-workforce-studie-mit-kuenstlicher-intelligenz-zu-neuem-wachstum-im-bankensektor-neue-schlagkraft-fuer-banken-team-mensch-maschine.html, Abgerufen am: 16.03.2024.

ALAASSAR, AHMAD et al. (2021): Exploring a new incubation model for FinTechs: Regulatory sandboxes, in: Technovation, Vol. 103, S.1–14, URL: https://doi.org/10.1016/j.technovation.2021.102237, Abgerufen am: 02.03.2024.

ALT, RAINER (2021): Blockchain und Distributed-Ledger-Technologien: Infrastrukturen für die überbetriebliche Vernetzung, erscheint in: CORSTEN, HANS/ROTH, STEFAN (Hrsg.): Handbuch Digitalisierung, Vahlen, München, URL: https://www.researchgate.net/publication/351658154_Blockchain_und_Distributed-Ledger-Technologien_Infrastrukturen_fur_die_uberbetriebliche_Vernetzung, Abgerufen am: 16.01.2024.

ANSLINGER, JULIAN et al. (2022): Verantwortungsvolle Einbindung von KI-Assistenzsystemen am Arbeitsplatz – Ein Handbuch für Arbeitnehmende und ihre Vertretungen, IFZ – Interdisziplinäres Forschungszentrum für Technik, Arbeit und Kultur, URL: https://doi.org/10.17605/OSF.IO/98B4H, Abgerufen am: 05.02.2024.

AU, CAM-DUC/HIESE, ANDREAS (2021): Künstliche Intelligenz in Banken: Worauf es im aktuellen Marktumfeld ankommt, in: Digitale Welt, 5. Jg., Nr. 3, S. 26–29, URL: https://doi.org/10.1007/s42354-021-0359-z, Abgerufen am: 10.02.2024.

BAFIN (2018a): Big Data trifft auf künstliche Intelligenz – Herausforderungen und Implikationen für Aufsicht und Regulierung von Finanzdienstleistungen, URL: https://www.bafin.de/SharedDocs/Downloads/DE/dl_bdai_studie.html, Abgerufen am: 19.03.2024.

BAFIN (2018b): Prävention von Geldwäsche und Terrorismusfinanzierung – Zentrale Pflichten, URL: https://www.bafin.de/ref/19649740, Abgerufen am: 04.04.2024.

BAFIN (2019): Regtech auf dem Vormarsch, URL: https://www.bafin.de/SharedDocs/Veroeffentlichungen/DE/Fachartikel/2019/fa_bj_1903_Regtech.html, Abgerufen am: 08.04.2024.

BAFIN (2020): Exchange Traded Commodities (ETCs) auf einen Blick, URL: https://www.bafin.de/DE/Verbraucher/GeldanlageWertpapiere/Produkte/ETC/Exchange_Traded_Commodities_node.html#:~:text=Exchange%20Traded%20Commodities%2C%20kurz%20ETCs,Laufzeit%20von%20ETCs%20ist%20unbefristet., Abgerufen am: 04.04.2024.

T. M. König, *Künstliche Intelligenz in der Bankenbranche*, BestMasters, https://doi.org/10.1007/978-3-658-50828-9

BAFIN (2023): Wenn ein Algorithmus über den Kredit entscheidet, URL: https://www.bafin.de/SharedDocs/Veroeffentlichungen/DE/Fachartikel/2023/fa_bj_2305_Algorithmen_Kreditvergabe.html, Abgerufen am: 20.03.2024.

BAISCHEW, DAJAN et al. (2021): Die Grundzüge von 6G, WIK Diskussionsbeitrag, No. 479, WIK Wissenschaftliches Institut für Infrastruktur und Kommunikationsdienste, Bad Honnef, URL: https://hdl.handle.net/10419/248435, Abgerufen am: 27.11.2023.

BARTON, THOMAS (2014): E-Business mit Cloud Computing – Grundlagen, Praktische Anwendungen, verständliche Lösungsansätze, Springer Vieweg, Wiesbaden, URL: https://doi.org/10.1007/978-3-8348-2426-4_5, Abgerufen am: 11.01.2024.

BASTAM, NATALIE/BICKER, CHRISTIAN/WALF, JUSTUS/NACHTWEI, JENS (2020): Recruiting 4.0 – Potenziale und Herausforderungen des Recruitings im Zeitalter der Digitalisierung, in: HARWARDT, MARK/NIERMANN F.-J. PETER/SCHMUTTE, M. ANDRE/STEUERNAGEL, AXEL (Hrsg.): Führen und Managen in der digitalen Transformation – Trends, Best Practices und Herausforderungen, Springer, Wiesbaden, S. 235–261, URL: https://doi.org/10.1007/978-3-658-28670-5_14, Abgerufen am: 14.10.2023.

BAUER, HANS F. (2021): Unbarer Zahlungsverkehr und die Rolle des Zentralbankgeldes – eine bilanztechnische Betrachtung, Springer Fachmedien, Wiesbaden, URL: https://doi.org/10.1007/978-3-658-34245-6, Abgerufen am: 15.10.2023.

BAUER, KEVIN/HINZ, OLIVER/WEBER, PATRICK (2021): KI in der Finanzbranche: Im Spannungsfeld zwischen technologischer Innovation und regulatorischer Anforderung, SAFE White Paper, No. 80, Leibniz Institute for Financial Research SAFE, Frankfurt a. M., URL: https://hdl.handle.net/10419/230672, Abgerufen am: 19.03.2024.

BAUERNHANSL, THOMAS (2017): Die Vierte Industrielle Revolution – Der Weg in ein wertschaffendes Produktionsparadigma, in: VOGEL-HEUSER, BIRGIT/BAUERNHANSL, THOMAS/TEN HOMPEL, MICHAEL (Hrsg.): Handbuch Industrie 4.0 Bd.4 – Allgemeine Grundlagen, 2. Aufl., Springer Vieweg, Berlin, Heidelberg, URL: https://doi.org/10.1007/978-3-662-53254-6_1, Abgerufen am: 22.11.2023.

BAYER, MARTIN (2021): Commerzbank baut Partnerschaft mit Google aus, URL: https://www.cio.de/a/commerzbank-baut-partnerschaft-mit-google-aus,3550877, Abgerufen am: 30.03.2024.

BECKER, WOLFGANG/PFLAUM, ALEXANDER (2019): Begriff der Digitalisierung – Extension und Intension aus betriebswirtschaftlicher Perspektive, in: BECKER, WOLFGANG/EIERLE, BRIGITTE/FLIASTER, ALEXANDER/IVENS, BJÖRN/LEISCHNIG, ALEXANDER/PFLAUM, ALEXANDER, SUCKY, ERIC (Hrsg.): Geschäftsmodelle in der digitalen Welt – Strategien, Prozesse und Praxiserfahrungen, Springer Gabler, S. 3–13, URL: https://doi.org/10.1007/978-3-658-22129-4_1, Abgerufen am: 14.10.2023.

BECKER, WOLFGANG/ULRICH, PATRICK/SCHMID, OLIVER/FEICHTINGER, CHRISTOPH (2021): Digitalisierung von Geschäftsmodellen, in: SCHALLMO, DANIEL R.A/RUSNJAK, ANDREAS/ANZENGRUBER, JOHANNA/WERANI, THOMAS/LANG, KLAUS (Hrsg.): Digitale Transformation von Geschäftsmodellen – Grundlagen, Instrumente und Best Practices, 2. Aufl., Springer Gabler, Wiesbaden, S. 263–290, URL: https://doi.org/10.1007/978-3-658-31980-9, Abgerufen am: 14.10.2023.

BEDI, PUNAM/JINDAL, VINITA/GAUTAM, ANJALI (2014): Beginning with Big Data Simplified, 2014 International Conference on Data Mining and Intelligent Computing (ICDMIC), URL: https://www.researchgate.net/publication/265680776_Beginning_with_BIG_DATA_Simplified, Abgerufen am: 10.01.2024.

BENDEL, OLIVER (2021a): Chatbot, URL: https://wirtschaftslexikon.gabler.de/definition/chatbot-54248/version-384630, Abgerufen am: 24.03.2024.

BENDEL, OLIVER (2021b): Virtueller Assistant, URL: https://wirtschaftslexikon.gabler.de/definition/virtueller-assistent-99509/version-384646, Abgerufen am: 24.03.2024.

BIBOW, JÖRG (2021): Digitalisierung im Zahlungsverkehr und Geldwesen – Banken und Geld im Umbruch – steigt die Wohlfahrt oder die Stabilitätsrisiken?, Study der Hans-Böckler-Stiftung, No. 455, URL: http://hdl.handle.net/10419/231394, Abgerufen am: 03.03.2024.

BIEBER, CHRISTOPH (2021): Digitalisierung, in: ANDERSEN, UWE/BOGUMIL, JÖRG/MARSCHALL, STEFAN/WOYKE, WICHARD (Hrsg.): Handwörterbuch des politischen Systems der Bundesrepublik Deutschland, 8. Aufl., Springer VS, Wiesbaden, S. 234–240, URL: https://doi.org/10.1007/978-3-658-23666-3, Abgerufen am: 16.10.2023.

BISSANTZ, NICOLAS/HAGEDORN, JÜRGEN (2009): Data Mining (Datenmustererkennung), in: Wirtschaftsinformatik, Vol. 51., Nr. 1, S. 139–144, URL: https://doi.org/10.1007/s11576-008-0108-z, Abgerufen am: 30.01.2024.

BITKOM (2015): Big Data und Geschäftsmodell-Innovationen in der Praxis: 40+ Beispiele, URL: https://www.bitkom.org/sites/main/files/file/import/151229-Big-Data-und-GM-Innovationen.pdf, Abgerufen am: 03.01.2024.

BIZ (2017): Distributed ledger technology in payment, clearing and settlement – An analytical framework, Bericht des Committee on Payments and Market Infrastructures, URL: https://www.bis.org/cpmi/publ/d157.pdf, Abgerufen am: 15.01.2024.

BMWi (2015): Industrie 4.0 und Digitale Wirtschaft – Impulse für Wachstum, Beschäftigung und Innovation, URL: https://www.bmwi.de/Redaktion/DE/Publikationen/Industrie/industrie-4-0-und-digitale-wirtschaft.pdf%3F__blob%3DpublicationFile%26v%3D3, Abgerufen am: 14.10.2023.

BÖHM, TANJA (2019): Why ethics is key to unlocking the power of AI, URL: https://www.microsoft.com/de-de/berlin/artikel/why-ethics-is-key-to-unlocking-the-power-of-ai.aspx, Abgerufen am: 13.03.2024.

BÖHME, RAINER/PESCH, PAULINA (2017): Technische Grundlagen und datenschutzrechtliche Fragen der Blockchain-Technologie, in: Datenschutz und Datensicherheit-DuD, 41. Jg., Nr. 8, S. 473–481, URL: https://doi.org/10.1007/s11623-017-0815-y, Abgerufen am: 16.01.2024.

BORNEMANN, KERSTIN/BRANDES, FELIX (2017): Rechtlicher Rahmen des Digital Banking, in: BRÜHL, VOLKER/DORSCHEL, JOACHIM (Hrsg.): Praxishandbuch Digital Banking, Springer Gabler, Wiesbaden, S. 357–406, URL: https://doi.org/10.1007/978-3-658-18890-0_18, Abgerufen am: 06.03.2024.

BÖRSE FRANKFURT (2024): ETF (Exchange Traded Fund), URL: https://www.boerse-frankfurt.de/wissen/lexikon/etf-exchange-traded-fund, Abgerufen am: 04.04.2024.

BRAUN, TORSTEN (2008): Entstehung und Funktionsweise des Internets, in: MYRACH, THOMAS/ZWAHLEN, SARA MARGARITA (Hrsg.): Virtuelle Welten? Die Realität des Internets, Internationaler Verlag der Wissenschaften, S. 15–28.

BREINICH-SCHILLY, ANGELIKA (2022): Banken brauchen KI für ihre digitale Transformation, in: MEIER, SYLVIA/BREINICH-SCHILLY, ANGELIKA (Hrsg.): Best of springerprofessional.de: Finance + Banking, Springer Fachmedien, Wiesbaden, S. 59–63, URL: https://doi.org/10.1007/978-3-658-39456-1_15, Abgerufen am: 14.10.2023.

BREUER, WOLFANG (2018): Kreditwürdigkeitsprüfung, URL: https://wirtschaftslexikon.gabler.de/definition/kreditwuerdigkeitspruefung-38053/version-261479, Abgerufen am: 28.03.2024.

BRINKMANN, FILIP-MARTIN/FETAI, ILIR/SCHULDT, HEIKO (2016): SLA-basierte Konfiguration eines modularen Datenbanksystems für die Cloud, in: FASEL, DANIEL/MEIER, ANDREAS (Hrsg.): Big Data – Grundlagen, Systeme und Nutzungspotenziale, S. 179–194, URL: https://link.springer.com/chapter/10.1007/978-3-658-11589-0_9, Abgerufen am: 11.01.2024.

BRINKSCHULTE, UWE/UNGERER, THEO (2010): Mikrocontroller und Mikroprozessoren, 3. Aufl., Springer, URL: https://doi.org/10.1007/978-3-642-05398-6_6, Abgerufen am: 16.11.2023.

BRÜHL, VOLKER (2017a): Bitcoins, Blockchain, and Distributed Ledgers – Funktionsweise, Marktentwicklungen und Zukunftsperspektiven, in: Wirtschaftsdienst, 97. Jg., S. 135–142, URL: https://doi.org/10.1007/s10273-017-2096-3, Abgerufen am: 15.01.2024.

BRÜHL, VOLKER (2017b): Banking 4.0 – Strategische Herausforderungen im digitalen Zeitalter, in: BRÜHL, VOLKER/DORSCHEL, JOACHIM (Hrsg.): Praxishandbuch Digital Banking, Springer Gabler, Wiesbaden, S. 3–12, URL: https://doi.org/10.1007/978-3-658-18890-0_1, Abgerufen am: 09.03.2024.

BUXMANN, PETER/SCHMIDT, HOLGER (2021): Grundlagen der Künstlichen Intelligenz und des Maschinellen Lernens, in: BUXMANN, PETER/SCHMIDT, HOLGER (Hrsg.): Künstliche Intelligenz: Mit Algorithmen zum wirtschaftlichen Erfolg, Springer Gabler, 2.Aufl., S. 3–25, URL: https://link.springer.com/content/pdf/10.1007/978-3-662-61794-6.pdf, Abgerufen am: 02.02.2024.

CAUDELL, THOMAS P./MIZELL, DAVID W. (1992): Augmented reality: An application of heads-up display technology to manual manufacturing processes, in: Proceedings of the Twenty-Fifth Hawaii International Conference on System Sciences, Vol. 2, S. 659–669, URL: https://ieeexplore.ieee.org/document/183317/, Abgerufen am: 20.01.2024.

CHANG, WO. L./GRADY, NANCY (2019): NIST big data interoperability framework: Volume 1, Definitions, Version 3, National Institute of Standards and Technology (NIST), Special Publication 1500–1r2, URL: https://doi.org/10.6028/NIST.SP.1500-1r2, Abgerufen am: 10.01.2024.

COMDIRECT (2024): cominvest – unser Robo-Advisor, URL: https://www.comdirect.de/geldanlage/cominvest.html, Abgerufen am: 04.04.2024.

COMMERZBANK (2024): Effizientes Liquiditätsmanagement leicht gemacht, URL: https://www.commerzbank.de/unternehmerkunden/wachsen/liquiditaetsmanagement/, Abgerufen am: 30.03.2024.

COMPUTERWOCHE/CIO (2022): Studie Internet of Things 2022, URL: https://device-insight.com/wp-content/uploads/2022/04/Studie-Internet-of-Things-2022_IDG_Device-Insight.pdf?utm_campaign=Follow-up%20Mails&utm_medium=email&_hsenc=p2ANqtz--SxZaiOZBssriA08M28MwwKKd02EmCM1l-29NACdE2kiBw9riHLnG5YYWYqWcPpa4L5s9y7WMrnLGtMM4PsdIOnBvNkA&_hsmi=184302798&utm_content=184302798&utm_source=hs_automation&hsCtaTracking=44b027da-c926-4ae4-8cb4-660cb0649c95%7C661b1042-b5bd-4501-881d-bb978f37af6b, Abgerufen am: 29.12.2023.

COOK, TIM (2017): MIT Technology Review – Interview mit TIM COOK, URL: https://www.technologyreview.com/2017/06/09/151322/tim-cook-technology-should-serve-humanity-not-the-other-way-around/, Abgerufen am: 14.10.2023.

DAHM, MARKUS H./TWESTEN, NIKLAS (2023): Der Artificial Intelligence Act als neuer Maßstab für künstliche Intelligenz: Das Spannungsfeld zwischen Regulatorik und Unternehmen, Springer Gabler, Wiesbaden, URL: https://doi.org/10.1007/978-3-658-42132-8, Abgerufen am: 02.02.2024.

DELOITTE (2019): Künstliche Intelligenz im Compliance-Umfeld von Banken & Co. URL: https://www2.deloitte.com/content/dam/Deloitte/de/Documents/risk/Whitepaper-Kün stliche-Intelligenz-im-Compliance-Umfeld-von-Banken-und-Co.pdf., Abgerufen am: 05.04.2024.

DETTMANN, ULF/KOPECZ, JÖRG (2020): Moralische Maschinen – Zur ethischen Unterscheidbarkeit von Mensch und Maschine, in: BUCHKREMER, RÜDIGER/HEUPEL, THOMAS/KOCH, OLIVER (Hrsg.): Künstliche Intelligenz in Wirtschaft & Gesellschaft – Auswirkungen, Herausforderungen & Handlungsempfehlungen, Springer Gabler, S. 3–28, URL: https://doi.org/10.1007/978-3-658-29550-9, Abgerufen am: 20.10.2023.

DEUTSCHE BANK (2024a): Wie künstliche Intelligenz das Bankgeschäft verändert, URL: https://www.db.com/what-next/digital-disruption/better-than-humans/how-artificial-int elligence-is-changing-banking/index?language_id=3, Abgerufen am: 30.03.2024.

DEUTSCHE BANK (2024b): ROBIN, die digitale Vermögensverwaltung, URL: https://www. deutsche-bank.de/pk/sparen-und-anlegen/geldanlage-online/robin.html, Abgerufen am: 03.04.2024.

DEUTSCHE BUNDESBANK (2017): Distributed-Ledger-Technologien im Zahlungsverkehr und in der Wertpapierabwicklung, Monatsbericht September 2017, URL: https://www. bundesbank.de/resource/blob/665446/cfd6e8fbe0f2563b9fc1f48fabda8ca2/mL/2017-09-distributed-ledger-technologien-data.pdf, Abgerufen am: 15.01.2024.

DEUTSCHE BUNDESBANK (2022): Zahlungsverhalten in Deutschland 2021, URL: https:// www.bundesbank.de/de/publikationen/berichte/studien/zahlungsverhalten-in-deutsc hland-2021-894078, Abgerufen am: 22.02.2024.

DFKI (2017): Künstliche Intelligenz: Wirtschaftliche Bedeutung, gesellschaftliche Herausforderungen, menschliche Verantwortung, URL: https://www.dfki.de/fileadmin/user_u pload/import/9744_171012-KI-Gipfelpapier-online.pdf, Abgerufen am: 14.10.2023.

DONNER, PATRICK (2022): Predictive Analytics als digitaler Service: Erfolgreiche Zusammenarbeit von Mensch und Maschine zur Erstellung von genaueren Prognosen, in: BOLLHÖFER, ESTHER/WEIMANN, STEFFEN (Hrsg.): Digitalisierung von industriellen Dienstleistungen: Wie Servitization das Service-Business voranbringt, Springer Fachmedien, Wiesbaden, S. 145–167, URL: https://doi.org/10.1007/978-3-658-373 96-2_8, Abgerufen am: 31.01.2024.

DÖRR, STEFAN/ALBO, PINA/MONASTIRIDIS, BEATE (2018): Digital Leadership – Erfolgreich führen in der digitalen Welt, in: GROTE, SEVEN/GOYT, RÜDIGER (Hrsg.): Führungsinstrumente aus dem Silicon Valley – Konzepte und Kompetenzen, Springer Gabler, Berlin, Heidelberg, S. 37–61, URL: https://doi.org/10.1007/978-3-662-54885-1_3, Abgerufen am: 14.10.2023.

DOYÉ, THOMAS (2020): Digital Leadership, in: FEND, LARDS/HOFMANN, JÜRGEN (Hrsg.): Digitalisierung in Industrie-, Handels- und Dienstleistungsunternehmen – Konzepte – Lösungen – Beispiele, Springer, Wiesbaden, S. 207–224, URL: https://doi.org/10.1007/ 978-3-658-26964-7_11, Abgerufen am: 14.10.2023.

EHMER-SCHOBER, HERBERT/EHMER, SUSANNE/REGELE, DORIS (2017): „Die neue Gleichzeitigkeit von Unterschieden – wie soll man da noch führen?“ in: HILDEBRAND,

ALEXANDRA/LANDHÄUßER, WERNER (Hrsg.): CSR und Digitalisierung – Der digitale Wandel als Chance und Herausforderung für Wirtschaft und Gesellschaft, Springer Gabler, Berlin, Heidelberg, S. 667–688, URL: https://doi.org/10.1007/978-3-662-53202-7_47, Abgerufen am: 17.10.2023.

EL-SEOUD, SAMIR A. et al. (2017): Big Data and Cloud Computing: Trends and Challenges, in: International Journal of Interactive Mobile Technologies (iJIM), Vol. 11, Nr. 2., S. 34–52, URL: https://online-journals.org/index.php/i-jim/article/view/6561, Abgerufen am: 04.01.2024.

ERTEL, WOLFGANG (2021): Grundkurs Künstliche Intelligenz – Eine praxisorientierte Einführung, Springer Vieweg, Wiesbaden, URL: https://doi.org/10.1007/978-3-658-32075-1_9, Abgerufen am: 09.02.2024.

FABER, OLIVER (2019): Digitalisierung – ein Megatrend: Treiber & Technologische Grundlagen, in: ERNER, MICHAEL (Hrsg.): Management 4.0 – Unternehmensführung im digitalen Zeitalter, Springer Gabler, Berlin, Heidelberg, S. 3–42, URL: https://doi.org/10.1007/978-3-662-57963-3_1, Abgerufen am: 27.11.2023.

FAEMS, DRIES (2022): Die digitale Kluft wird größer, in: COMPUTERWOCHE/CIO (Hrsg.): Studie Internet of Things 2022, URL: https://device-insight.com/wp-content/uploads/2022/04/Studie-Internet-of-Things-2022_IDG_Device-Insight.pdf?utm_campaign=Follow-up%20Mails&utm_medium=email&_hsenc=p2ANqtz--SxZaiOZBssriA08M28MwwKKd02EmCM1l-29NACdE2kiBw9riHLnG5YYWYqWcPpa4L5s9y7WMrnLGtMM4PsdIOnBvNkA&_hsmi=184302798&utm_content=184302798&utm_source=hs_automation&hsCtaTracking=44b027da-c926-4ae4-8cb4-660cb0649c95%7C661b1042-b5bd-4501-881d-bb978f37af6b, Abgerufen am: 31.12.2023.

FAUSER, KEVIN et al. (2017): Integration 4.0 – Anwendungsintegration im Zeitalter der Cloud, in: ANDELFINGER, VOLKER P./HÄNISCH, TILL (Hrsg.): Industrie 4.0: Wie cyber-physische Systeme die Arbeitswelt verändern, Springer Gabler, Wiesbaden, S. 69–82, URL: https://doi.org/10.1007/978-3-658-15557-5_5, Abrufdatum: 11.01.2024.

FESIDIS, BITA/GUPTA, SOPHIE (2021): Künstliche Intelligenz im Bankwesen – Chancen und Herausforderungen personalisierter Kundenangebote, in: SEIDEL, MARCEL (Hrsg.): Banking & Innovation 2020/2021: Ideen und Erfolgskonzepte von Experten für die Praxis, Springer Gabler, Wiesbaden, S. 15–34, URL: https://doi.org/10.1007/978-3-658-32427-8_2, Abgerufen am: 01.10.2023.

FINANCIAL STABILITY BOARD (2017): Financial Stability Implications from FinTech – Supervisory and Regulatory Issues that Merit Authorities' Attention, URL: https://www.fsb.org/wp-content/uploads/R270617.pdf, Abgerufen am 01.03.2024.

FISHER, SCOTT S. et al. (1988): Virtual interface environment workstations, in: Proceedings of the Human Factors Society Annual Meeting, 32(2), S. 91–95, URL: https://www.researchgate.net/publication/4709345_Virtual_Interface_Environment_Workstations, Abgerufen am: 20.01.2024.

FRAUENHOFER (2015): IoT-A Internet of things Architecture, URL: https://www.industrie40.iml.fraunhofer.de/de/ergebnisse/internetofthings.html, Abgerufen am: 31.12.2023.

FRAWLEY, WILLIAM J. et al. (1992): Knowledge discovery in databases: An overview, in: AI magazine, Vol. 13, No. 3, S. 57–70, URL: https://ojs.aaai.org/aimagazine/index.php/aimagazine/article/view/1011, Abgerufen am: 30.01.2024.

FREUND, RONALD et al. (2018): 5G-Datentransport in Höchstgeschwindigkeit, in: NEUGEBAUER, REIMUND (Hrsg.): Digitalisierung – Schlüsseltechnologien für Wirtschaft & Gesellschaft, Springer Vieweg, S. 89–111, URL: https://doi.org/10.1007/978-3-662-55890-4_7, Abgerufen am: 27.11.2023.

FRIDGEN, GILBERT et al. (2021): Smart Retail Banking – Potentiale und Herausforderungen Künstlicher Intelligenz – Eine praxisorientierte Studie, Projektgruppe Wirtschaftsinformatik des Fraunhofer- Institut für Angewandte Informationstechnik FIT, Senacor Technologies AG, URL: https://www.researchgate.net/publication/351869488_Smart_Retail_Banking_-_Potentiale_und_Herausforderungen_Kunstlicher_Intelligenz_Eine_praxisorientierte_Studie, Abgerufen am: 21.04.2024.

FRIEDRICH, LARS/HIESE, ANDREAS/DREßLER, ROBIN/WOLFENSTETTER, FRANZISKA (2021): Künstliche Intelligenz in Banken – Status quo, Herausforderungen und Anwendungspotenziale, in: BUXMANN, PETER/SCHMIDT, HOLGER (Hrsg.): Künstliche Intelligenz: Mit Algorithmen zum wirtschaftlichen Erfolg, Springer Gabler, Berlin, Heidelberg, S. 49–63, URL: https://doi.org/10.1007/978-3-662-61794-6_3, Abgerufen am: 14.10.2023.

GABRIEL, PETER/GAßNER, KATRIN/LANGE, SEBASTIAN (2010): Das Internet der Dinge – Basis für die IKT-Infrastruktur von morgen. Anwendungen, Akteure und politische Handlungsfelder, Institut für Innovation und Technik, Berlin, URL: https://www.researchgate.net/publication/287330799_Das_Internet_der_Dinge_-_Basis_fur_die_IKT-Infrastruktur_von_morgen_Anwendungen_Akteure_und_politische_Handlungsfelder, Abgerufen am: 01.01.2024.

GANDOMI, AMIR/HAIDER, MURTAZA (2015): Beyond the hype: Big data concepts, methods, and analytics, in: International Journal of Information Management, Vol. 35, No. 2, S. 137–144, URL: https://doi.org/10.1016/j.ijinfomgt.2014.10.007, Abgerufen am: 06.01.2024.

GARZELLI, NICCOLÒ (2020): Künstliche Intelligenz im Bankenwesen – Herausforderungen und Möglichkeiten, in: Wirtschaftsinformatik & Management, Vol. 12, S. 84–85, URL: https://doi.org/10.1365/s35764-020-00246-2, Abgerufen am: 18.04.2024.

GENTSCH, PETER (2019): Künstliche Intelligenz für Sales, Marketing und Service – Mit AI und Bots zu einem Algorithmic Business – Konzepte und Best Practices, 2. Aufl., Springer Gabler, Wiesbaden, URL: https://doi.org/10.1007/978-3-658-25376-9, Abgerufen am: 24.03.2024.

GEORGOPOULOS, ANASTASIOS et al. (2021): Anforderungen an das Controlling: Auswirkungen von Big Data und Digitalisierung auf das zukünftige Kompetenzprofil des Controllers, Springer Gabler, Wiesbaden, URL: https://doi.org/10.1007/978-3-658-34938-7, Abgerufen am: 31.12.2023.

GETHMANN, CARL FRIEDRICH et al. (2022): Einführung, in: GETHMANN, CARL FRIEDRICH et al. (Hrsg.): Künstliche Intelligenz in der Forschung – Neue Möglichkeiten und Herausforderungen für die Wissenschaft, Band 48, Springer Gabler, S. 1–12, URL: https://link.springer.com/content/pdf/10.1007/978-3-662-63449-3.pdf, Abgerufen am: 12.10.2023.

GLUCHOWSKI, PETER et al. (2021): Methoden des Data Mining für Big Data Analytics, in: D'ONOFRIO, SARA/MEIER, ANDREAS (Hrsg.): Big Data Analytics – Grundlagen, Fallbeispiele und Nutzungspotenziale, Edition HMD, Springer Vieweg, Wiesbaden, S. 25–48, URL: https://doi.org/10.1007/978-3-658-32236-6_2, Abgerufen am: 30.01.2024.

GRÄTZ, AXEL (2021): Künstliche Intelligenz im Urheberrecht – Eine Analyse der Zurechnungskriterien und der Prinzipien der Verwandten Schutzrechte vor dem Hintergrund artifizieller Erzeugnisse, Springer, Wiesbaden, URL: https://doi.org/10.1007/978-3-658-33041-5_3, Abgerufen am: 08.02.2024.

GREWE, IRIS/WEBER, JENS/WITTER, MARIE (2016): Co-Opetition in the Banking Industry, Gezielt strategisch annähern – wie Banken und FinTechs voneinander profitieren, BearingPoint, URL: https://www.bearingpoint.com/files/Coopetition_Banking_Industry_DE.pdf?download=0&itemId=286382, Abgerufen am: 14.10.2023.

GRIVAS, STELLA GATZIU/GRAF, MANUELA (2020): Digitale Transformation – Transformation der Unternehmen im digitalen Zeitalter, in: GRIVAS, STELLA GATZIU (Hrsg): Digital Business Development – Die Auswirkungen der Digitalisierung auf Geschäftsmodelle und Märkte, Springer Gabler, Berlin, Heidelberg, S. 143–166, URL: https://doi.org/10.1007/978-3-662-59807-8_9, Abgerufen am: 24.01.2024.

GROTHUS, ANDRÉ/THESING, THEO/FELDMANN, CARSTEN (2021): Digitale Geschäftsmodell-Innovation mit Augmented Reality und Virtual Reality, Springer Gabler, Berlin, Heidelberg, URL: https://doi.org/10.1007/978-3-662-63746-3, Abgerufen am: 20.01.2024.

HARWARDT, MARK (2020): Digitalisierung in Deutschland – Der aktuelle Stand, in: HARWARDT, MARK/NIERMANN, F.-J. PETER/SCHMUTTE, M. ANDRE/STEUERNAGEL, AXEL (Hrsg.): Führen und Managen in der digitalen Transformation – Trends, Best Practices und Herausforderungen, Springer Gabler, Wiesbaden, S. 17–34, URL: https://doi.org/10.1007/978-3-658-28670-5_2, Abgerufen am: 16.10.2023.

HARWARDT, MARK (2022): Management der digitalen Transformation – Eine praxisorientierte Einführung, 2. Aufl., Springer Gabler, Wiesbaden, URL: https://doi.org/10.1007/978-3-658-35918-8_5, Abgerufen am: 24.01.2024.

HASTENTEUFEL, JESSICA/HAGMANN, ULI (2020): Banking 4.0 – Wo die Reise hingeht, IUBH Discussion Papers – Business & Management, No. 5/2020, http://hdl.handle.net/10419/215756, Abgerufen am: 22.02.2024.

HASTENTEUFEL, JESSICA/KISZKA, SABRINA (2020a): Die Bedeutung von Kundenerwartungen für das Fortbestehen von Kreditinstituten – Das klägliche Scheitern des aktuellen Betreuungsansatzes, IUBH Discussion Papers – Business & Management, No. 1/2020, URL: http://hdl.handle.net/10419/215759, Abgerufen am: 22.02.2024.

HASTENTEUFEL, JESSICA/KISZKA, SABRINA (2020b): Der Mythos der ganzheitlichen Beratung, in: bank und markt, Vol. 02/2020, S. 64–68, URL: https://www.kreditwesen.de/sites/default/files/static/bum_02-2020_14-18_hastenteufel_kiszka_langfassung_0.pdf, Abgerufen am: 29.02.2024.

HASTENTEUFEL, JESSICA/GANSTER, FELIX (2021): Einflussfaktoren auf die Akzeptanz von Robo Advisors – Digitale Kommunikation in der Anlageberatung, Springer Gabler, Wiesbaden, URL: https://doi.org/10.1007/978-3-658-34576-1_2, Abgerufen am: 22.02.2024.

HASTENTEUFEL, JESSICA/KISZKA, SABRINA/SCHUSTER, HANNES (2023): Digital Banking – Kundenerwartungen und was Banken daraus lernen sollten, in: SEIDEL, MARCEL/REUSE, SVEND (Hrsg.): Banking & Innovation 2022/2023 – Ideen und Erfolgskonzepte für die Praxis, Springer Fachmedien, Wiesbaden, S. 287–304, URL: https://doi.org/10.1007/978-3-658-39388-5_17, Abgerufen am: 03.03.2024.

HÄNISCH, TILL (2017): Grundlagen Industrie 4.0, in: ANDELFINGER, VOLKER P./HÄNISCH, TILL (Hrsg.): Industrie 4.0: Wie cyber-physische Systeme die Arbeitswelt verändern, Springer Gabler, Wiesbaden, S. 9–31, URL: https://doi.org/10.1007/978-3-658-15557-5_2, Abgerufen am: 03.01.2024.

HAWKING, STEPHEN (2017): The theoretical physicist, cosmologist and author talks Donald Trump, tech monopolies and humanity's future, WIRED, URL: https://www.wired.co.uk/article/stephen-hawking-interview-alien-life-climate-change-donald-trump#:~:text=I%20fear%20that%20AI%20may,life%20that%20will%20outperform%20humans.&text=I%20worry%20about%20the%20control%20that%20big%20corporations%20have%20over%20information., Abgerufen am: 02.02.2024.

HECHT, HEIKO/DESNIZZA, WOLFGANG (2012): Psychologie als empirische Wissenschaft – Essentielle wissenschaftstheoretische und historische Grundlagen, Springer Spektrum, Heidelberg, URL: https://doi.org/10.1007/978-3-8274-2947-6_13, Abgerufen am: 09.02.2024.

HENSELLEK, SIMON (2020): Digital Leadership – Ein Rahmenwerk zur erfolgreichen Führung im digitalen Zeitalter, in: KOLLMANN, TOBIAS (Hrsg.): Handbuch Digitale Wirtschaft, Springer Gabler, Wiesbaden, S. 1189–1207, URL: https://doi.org/10.1007/978-3-658-17291-6_81, Abgerufen am: 14.10.2023.

HERRMANN, SASCHA/HEINKE, UWE (2017): Auswirkung der Digitalisierung auf die Kernbanksysteme deutscher Banken, in: BRÜHL, VOLKER/DORSCHEL, JOACHIM (Hrsg.): Praxishandbuch Digital Banking, Springer Gabler, Wiesbaden, S. 191–210, URL: https://doi.org/10.1007/978-3-658-18890-0_9, Abgerufen am: 08.03.2024.

HESS, THOMAS (2019): Digitale Transformation strategisch steuern – Vom Zufallstreffer zum systematischen Vorgehen, Springer, München 2019.

HEUPEL, THOMAS/LANGE, VICTORIA W. (2019): Wird der Controller zum Data Scientist? Herausforderungen und Chancen in Zeiten von Big Data, Predictive Analytics und Echtzeitverfügbarkeit, in: HERMEIER, BURGHARD/HEUPEL, THOMAS/FICHTNER-ROSADA, SABINE (Hrsg.): Arbeitswelten der Zukunft: Wie die Digitalisierung unsere Arbeitsplätze und Arbeitsweisen verändert, Springer Gabler, Wiesbaden, S. 201–221, URL: https://doi.org/10.1007/978-3-658-23397-6_12, Abgerufen am: 03.01.2024.

HEYM, MICHAEL/MONTANA, CONSTANTIN/ELBEN, HELMUT (2012): Paradigmenwechsel im IT-Sourcing – Die Sicht des CFO: Vom 1st und 2nd Generation IT-Outsourcing zum Cloud Computing–Aktueller Praxisbericht, in: ZfCM, 56. Jg., Heft 5., S. 380–387, URL: https://doi.org/10.1365/s12176-012-0661-6, Abgerufen am: 11.01.2024.

HILL, HERMANN (2016): Führung in digitalisierten Arbeitswelten, in: Verwaltung und Management 22. Jg., Heft 5, S. 241–249, URL: https://www.nomos-elibrary.de/10.5771/0947-9856-2016-5-241.pdf?download_full_pdf=1&page=1, Abgerufen am: 14.10.2023.

HILLE, LARS (2018): Banken zwischen Regulierung und Digitalisierung – Geschäftsmodelle unter Stress, in: BÖHNKE, WERNER/ROLFES, BERND (Hrsg.): Neue Erlösquellen oder Konsolidierung? – Geschäftsmodelle der Banken und Sparkassen auf dem Prüfstand, Springer Gabler, Wiesbaden, URL: https://doi.org/10.1007/978-3-658-18994-5_2, Abgerufen am: 20.02.2024.

HOFMAN, JÜRGEN (2022): Ausgewählte technologische Grundlagen, in: FEND, LARS/HOFMANN, JÜRGEN (Hrsg.): Digitalisierung in Industrie-, Handels- und Dienstleistungsunternehmen: Konzepte – Lösungen – Beispiele, 2. Aufl., Springer Gabler, S. 3–52, URL: https://doi.org/10.1007/978-3-658-35950-8_1, Abgerufen am: 22.11.2023.

HÖLLERICH, JOHANNES/FEHR, ROBERT (2019): Digitalisierung der Anlageberatung am Beispiel der Zürcher Kantonalbank, in: UHL, AXEL/LORETAN, STEPHAN (Hrsg.): Digitalisierung in der Praxis – So schaffen KMU den Weg in die Zukunft, Springer Fachmedien, Wiesbaden, S. 143–158, URL: https://doi.org/10.1007/978-3-658-26137-5_9, Abgerufen am: 12.10.2023.

Hölscher, Reinhold (2018): Kreditrisiko, URL: https://wirtschaftslexikon.gabler.de/definition/kreditrisiko-38599#:~:text=1.,zu%20erbringen%20hat%20(Kreditausfallrisiko), Abgerufen am: 15.04.2024.

Humm, Bernhard G. et al. (2022): Grundlagen und Anwendungen von KI, in: Gethmann, Carl Friedrich et al. (Hrsg.): Künstliche Intelligenz in der Forschung – Neue Möglichkeiten und Herausforderungen für die Wissenschaft, Band 48, Springer Gabler, S.13–42, URL: https://doi.org/10.1007/978-3-662-63449-3_2, Abgerufen am: 12.10.2023.

Hüning, Felix (2019): Embedded Systems für IoT, Springer Vieweg, Berlin, Heidelberg, URL: https://doi.org/10.1007/978-3-662-57901-5_10, Abgerufen am: 14.04.2024.

Jäggi, Christian J. (2023): Digitalisierung in Wirtschaft und Gesellschaft: Ökonomische, soziale und ökologische Auswirkungen, Fragen und Perspektiven, Springer Fachmedien, Wiesbaden, URL: https://doi.org/10.1007/978-3-658-42206-6, Abgerufen am: 14.10.2023.

Joas, Bastian/Popović, Tobias/Bäumer, Thomas (2019): Digitalisierung im Zahlungsverkehr – Eine kritische Analyse der Chancen und Herausforderungen für Banken, in: Lochmahr, Andrea/Müller, Patrick/Planing, Patrick/ Popović, Tobias (Hrsg.): Digitalen Wandel gestalten: Transdisziplinäre Ansätze aus Wissenschaft und Wirtschaft, Springer Gabler, S. 103–114, URL: https://doi.org/10.1007/978-3-658-24651-8_4.2, Abgerufen am: 11.10.2023.

Jonietz, Christiane/Mesch, Stefan/Peters, Anja (2020): Chancen und Herausforderungen der Digitalisierung in Banken und Sparkassen, in: Fend, Lars/Hofmann, Jürgen (Hrsg.): Digitalisierung in Industrie-, Handels- und Dienstleistungsunternehmen: Konzepte – Lösungen – Beispiele, 2. Aufl., Springer Gabler, Wiesbaden, S. 397–411, URL: https://doi.org/10.1007/978-3-658-26964-7_22, Abgerufen am: 12.10.2023.

Jürgens, Andreas/Buchkremer, Rüdiger (2020): Analyse von Krankenhausbewertungen – Die Messung der Patientenzufriedenheit mit Methoden der KI, in: Buchkremer, Rüdiger/Heupel, Thomas/Koch, Oliver (Hrsg.): Künstliche Intelligenz in Wirtschaft & Gesellschaft: Auswirkungen, Herausforderungen & Handlungsempfehlungen, Springer Gabler, S. 369–383, URL: https://doi.org/10.1007/978-3-658-29550-9, Abgerufen am: 30.01.2024.

Kalinowski, Torsten/Verwaayen, Eric (2013): Digitalisierung – quo vadis?, in: Keuper, Frank et al. (Hrsg.): Digitalisierung und Innovation: Planung – Entstehung – Entwicklungsperspektiven, Springer Gabler, Wiesbaden, S. 485–496, URL: https://doi.org/10.1007/978-3-658-00371-5_25, Abgerufen am: 14.10.2023.

Kapsalis, Katharina Joana (2021): Digital Leadership – Bahnbrechendes Führungskonzept oder Buzzword ohne Mehrwert?, in: Management Nr. 4., URL: https://serwiss.bib.hs-hannover.de/frontdoor/index/index/docId/1780, Abgerufen am: 25.01.2024.

Kaupp, Florian/Giera, Ewa (2017): Zahlungsverkehr: vom Überweisungsträger zu Instant Payments, in: Brühl, Volker/Dorschel, Joachim (Hrsg.): Praxishandbuch Digital Banking, Springer Gabler, Wiesbaden, S. 227–258, URL: https://doi.org/10.1007/978-3-658-18890-0_11, Abgerufen am: 06.03.2024.

Kaya, Orçun (2019a): Künstliche Intelligenz im Bankensektor – Ein bisher kaum genutzter Hebel für Rentabilität, Deutsche Bank Research, Frankfurt am Main, URL: https://www.dbresearch.de/PROD/RPS_DE-PROD/PROD0000000000496371/Künstliche_Intelligenz_im_Bankensektor%3A_Ein_bisher.pdf, Abgerufen am: 19.03.2024.

KAYA, ORÇUN (2019b): Deutsche Robo-Advisors: Schnelles Wachstum, solide Performance, hohe Kosten, Deutsche Bank Research, Frankfurt am Mai, URL: https://www.dbresearch.de/PROD/RPS_DE-PROD/PROD0000000000488059/Deutsche_Robo-Advisors%3A_Schnelles_Wachstum%2C_solide.pdf, Abgerufen am: 19.03.2024

KEICHER, LUKAS et al. (2023): Ein hybrider KI-Ansatz zur Identifikation von technologischen Kompetenzen im Rahmen der Technologiefrühaufklärung – Kombination von symbolischer und subsymbolischer KI, in: DUMITRESCU, ROMAN/HÖLZLE, KATHARINA (Hrsg.): Vorausschau und Technologieplanung, 17. Symposium für Vorausschau und Technologieplanung, Verlagsschriftenreihe des Heinz Nixdorf Instituts, Band 413, S. 345–370, URL: https://doi.org/10.17619/UNIPB/1-1821, Abgerufen am: 05.02.2024.

KELLER, BERND (2010): Marktforschung: Basis für Marketing, Kommunikation und Vertrieb, in: BÄR, MONIKA/BORCHERDING, JAN/KELLER, BERNHARD (Hrsg.): Fundraising im Non-Profit-Sektor: Marktbearbeitung von Ansprache bis Zuwendung, Gabler, S. 17–31, URL: https://doi.org/10.1007/978-3-8349-8873-7_2, Abgerufen am: 10.12.2023.

KILL, ROLAND (2020): Diversifikation, URL: https://www.gabler-banklexikon.de/definition/diversifikation-70408, Abgerufen am: 03.04.2024.

KIRSTE, MORITZ/SCHÜRHOLZ, MARKUS (2019): Einleitung: Entwicklungswege zur KI, in: WITTPAHL, VOLKER (Hrsg.): Künstliche Intelligenz: Technologie, Anwendung, Gesellschaft, Springer Vieweg, S. 21–35, URL: https://doi.org/10.1007/978-3-662-58042-4_1, Abgerufen am: 07.02.2024.

KNÖPFLE, GEORG et al. (2020): Die Zukunft der Banken – Wie neue Geschäftsmodelle Banken grundlegend verändern, in: TEWES, STEFAN/NIESTROJ, BENJAMIN/TEWES, CAROLIN (Hrsg.): Geschäftsmodelle in die Zukunft denken: Erfolgsfaktoren für Branchen, Unternehmen und Veränderer, Springer Gabler, Wiesbaden, S. 131–147, URL: https://doi.org/10.1007/978-3-658-27214-2_10, Abgerufen am: 20.02.2024.

KORSCHINOWSKI, SVEN/CONREDER, CHRISTIAN/SCHWITTAY, SEBASTIAN (2017): API-Banking und PSD2: „Steckdosenleiste“ für FinTechs, in: SMOLINSKI, REMIGIUSZ/GERDES, MORITZ/SIEJKA, MARTIN/BODEK, MARIUSZ C. (Hrsg.): Innovationen und Innovationsmanagement in der Finanzbranche, Edition Bankmagazin, Springer Gabler, Wiesbaden, S. 317–333, URL: https://doi.org/10.1007/978-3-658-15648-0_16, Abgerufen am: 07.03.2024.

KORSCHINOWSKI, SVEN/FORSTER, MAXIMILIAN/REULECKE, LUCA (2017): Blockchain – wie Banken die Technologie aus Prozess- und Produkt-Sicht nutzen können, in: BRÜHL, VOLKER/DORSCHEL, JOACHIM (Hrsg.): Praxishandbuch Digital Banking, Springer Gabler, Wiesbaden, S. 277–290, URL: https://doi.org/10.1007/978-3-658-18890-0_13, Abgerufen am: 09.03.2024.

KRAHNHOF, PHILIPPE/ZURECK, ALEXANDER (2018): Konsequenzen aus Digitalisierung und Konsolidierung für kleinere Institute, in: Kreditwesen, No. 18/2018, S. 922–926, URL: https://www.kreditwesen.de/mimas/system/files/content/articledownloads/2018/37/zf_18_18_922-926.pdf, Abgerufen am: 06.03.2024.

KREUTER, FRAUKE et al. (2018): International Program in Survey and Data Science, in: KÖNIG, CHRISTIAN/SCHRÖDER, JETTE/WIEGAND, ERICH (Hrsg.): Big Data – Chancen, Risiken, Entwicklungstendenzen, Schriftenreihe der ASI – Arbeitsgemeinschaft Sozialwissenschaftlicher Institute, Springer VS, Wiesbaden, S. 27–42, URL: https://doi.org/10.1007/978-3-658-20083-1_2, Abgerufen am: 05.01.2024.

KRÖHLING, ANDREAS (2017): Digitalisierung – Technik für eine nachhaltige Gesellschaft?, in: HILDEBRAND, ALEXANDRA/LANDHÄUßER, WERNER (Hrsg.): CSR und Digitalisierung – Der digitale Wandel als Chance und Herausforderung für Wirtschaft und Gesellschaft, Springer Gabler, Berlin, Heidelberg, S. 23–49, URL: https://doi.org/10.1007/978-3-662-53202-7_2, Abgerufen am: 14.10.2023.

LACKES, RICHARD (2018): Optische Zeichenerkennung, URL: https://wirtschaftslexikon.gabler.de/definition/optische-zeichenerkennung-44605, Abgerufen am: 13.04.2024.

LANG, SUSANNE (2017): Eine kurze Geschichte des Internets: Die Inkorporation des Internets in kapitalistische Verhältnisse ist keinesfalls abgeschlossen und noch immer umkämpft, in: PROKLA, Heft 186, 47 Jg., S. 7–25, URL: https://doi.org/10.32387/prokla.v47i186.150, Abgerufen am: 17.11.2023.

LAUTERJUNG, SVEN (2020): Vom smarten Berater zur smarten Maschine: Künstliche Intelligenz in der Finanzbranche, in: BUCHKREMER, RÜDIGER/HEUPEL, THOMAS/KOCH, OLIVER (Hrsg.): Künstliche Intelligenz in Wirtschaft & Gesellschaft: Auswirkungen, Herausforderungen & Handlungsempfehlungen, Springer Gabler, Wiesbaden, S. 249–274, URL: https://doi.org/10.1007/978-3-658-29550-9, Abgerufen am: 10.12.2023.

LEOPOLD, HELMUT et al. (2019): Künstliche Intelligenz – eine Einführung in Technologiefelder & Forschungsbereiche, AIT Austrian Institute of Technology, Center for Digital Safety & Security, URL: https://www.researchgate.net/profile/Helmut-Leopold/publication/331824966_Kunstliche_Intelligenz_-_eine_Einfuhrung_in_Technologiefelder_Forschungsbereiche/links/5c8e9bf845851564fae47856/Kuenstliche-Intelligenz-eine-Einfuehrung-in-Technologiefelder-Forschungsbereiche.pdf, Abgerufen am: 18.04.2024.

MAINZER, KLAUS/KAHLE, REINHARD (2022): Grenzen der KI theoretisch, praktisch, ethisch, Springer Berlin, Heidelberg, URL: https://doi.org/10.1007/978-3-662-65011-0_5, Abgerufen am: 05.02.2024.

MANZ, STEPHAN (2017): Digitale Transformation im Banking – lessons learnd, in: BRÜHL, VOLKER/DORSCHEL, JOACHIM (Hrsg.): Praxishandbuch Digital Banking, Springer Gabler, Wiesbaden, S. 161–187, URL: https://doi.org/10.1007/978-3-658-18890-0_8, Abgerufen am: 06.03.2024.

MARTIN, ANDREAS (2019): VR-Banken, Fintechs, Bigtechs – zwischen Kooperation und Konkurrenz, in: bank und markt, Vol. 01/2019, S. 13- - 16, URL: https://www.kreditwesen.de/mimas/system/files/content/articledownloads/2019/02/bum_19_01_13-16.pdf, Abgerufen am: 03.03.2024.

MAUERER, JÜRGEN (2022): Blick in die Zukunft: Die inhaltliche Einordnung der Studienergebnisse – eine Marktperspektive in: COMPUTERWOCHE/CIO (Hrsg.): Studie Internet of Things 2022, https://device-insight.com/wp-content/uploads/2022/04/Studie-Internet-of-Things-2022_IDG_Device-Insight.pdf?utm_campaign=Follow-up%20Mails&utm_medium=email&_hsenc=p2ANqtz--SxZaiOZBssriA08M28MwwKKd02EmCM1l-29NACdE2kiBw9riHLnG5YYWYqWcPpa4L5s9y7WMrnLGtMM4PsdIOnBvNkA&_hsmi=184302798&utm_content=184302798&utm_source=hs_automation&hsCtaTracking=44b027da-c926-4ae4-8cb4-660cb0649c95%7C661b1042-b5bd-4501-881d-bb978f37af6b, Abgerufen am: 31.12.2023.

MCCARTHY, JOHN et al. (1955): Proposal for the dartmouth summer research project on artificial intelligence, URL: http://www-formal.stanford.edu/jmc/history/dartmouth/dartmouth.html, Abgerufen am: 07.02.2024.

MECKLENBRÄUKER, CHRISTOPH (2022): 5G als Basis der Digitalisierung. Anwendungen, Chancen und Ausblick auf 6G, in: Elektrotech. Inftech., No. 139, S. 587–588, URL: https://doi.org/10.1007/s00502-022-01071-8, Abgerufen am: 10.12.2023.

MESCH, STEFAN / JONIETZ, CHRISTIANE /PETERS, ANJA (2020): Bewegung in der Bankenbranche: FinTechs als Disruptoren und Hoffungsträger, in: FEND, LARS/HOFMANN, JÜRGEN (Hrsg.): Digitalisierung in Industrie-, Handels- und Dienstleistungsunternehmen: Konzepte – Lösungen – Beispiele, 2. Aufl., Springer Gabler, Wiesbaden, S. 413–429, URL: https://doi.org/10.1007/978-3-658-26964-7_23, Abgerufen am: 08.03.2024.

METZGER, JOCHEN (2018): Stichwort „Konsensmechanismus", in: Gabler Wirtschaftslexikon, Springer Fachmedien, Wiesbaden, URL: https://wirtschaftslexikon.gabler.de/definition/konsensmechanismus-54411/version-277445, Abgerufen am: 16.01.2024.

MIEBACH, BERNHARD (2020): Digitale Transformation von Wirtschaft und Gesellschaft: Wie KI, Social Media und Big Data unsere Lebenswelt verändern, Springer, Wiesbaden, URL: https://doi.org/10.1007/978-3-658-02749-0, Abgerufen am: 20.12.2023.

MILLER, ANNETTE (2021), KI, Innovation und Startups: HighTech-Startups als Treiber von KI-Ökosystemen, in: KNAPPERTSBUSCH, INKA/GONDLACH, KAI (Hrsg.): Arbeitswelt und KI 2030: Herausforderungen und Strategien für die Arbeit von morgen, Springer Fachmedien, S. 31–39, URL: https://doi.org/10.1007/978-3-658-35779-5_4, Abgerufen am: 20.10.2023.

MOCKENHAUPT, ANDREAS (2021): Digitalisierung und Künstliche Intelligenz in der Produktion – Grundlagen und Anwendung, Springer Vieweg, Wiesbaden, URL: https://doi.org/10.1007/978-3-658-32773-6, Abgerufen am: 05.02.2024.

MOCKENHAUPT, ANDREAS/SCHLAGENHAUF, TOBIAS (2024): Digitalisierung und Künstliche Intelligenz in der Produktion – Grundlagen und Anwendung, Springer Vieweg, Wiesbaden, URL: https://doi.org/10.1007/978-3-658-41935-6_6, Abgerufen am: 17.02.2024.

MÜLLER, ANDREAS (2022): IT-Kolloquium 2022: 5G, 6G und die Zukunft des Mobilfunks, URL: https://www.ots.at/presseaussendung/OTS_20220518_OTS0023/it-kolloquium-2022-5g-neuer-standard-in-der-industrie-bild, Abgerufen am: 08.12.2023.

MÜLLER-QUADE, JÖRN et al. (2019): Künstliche Intelligenz und IT-Sicherheit – Bestandsaufnahme und IT-Sicherheit, in: Lernende Systeme – Die Plattform für Künstliche Intelligenz (Hrsg.), München, URL: https://cta4.plattform-lernende-systeme.de/files/Downloads/Publikationen/20190403_Whitepaper_AG3_final.pdf, Abgerufen am: 18.04.2024.

MÜNZL, GERALD/PAULY, MICHAEL/RETI, MARTIN (2015): Cloud Computing als neue Herausforderung für Management und IT, Springer Vieweg, Berlin, Heidelberg, URL: https://doi.org/10.1007/978-3-662-45832-7_2, Abgerufen am: 20.10.2023.

NEU, MATTHIAS et al. (2022): Anwendungsfelder und Herausforderungen der Künstlichen Intelligenz – Wie KI die Gesellschaft und Marketing beeinflusst, Springer Gabler, URL: https://doi.org/10.1007/978-3-658-38891-1, Abgerufen am: 18.04.2024.

NEUHAUS, DIRK (2018): Künstliche Intelligenz: Nutzbar in der Sparkassenpraxis, in: Betriebswirtschaftliche Blätter, Kolumne 10/18, S. 1–9, URL: https://www.s-hochschule.de/fileadmin/user_upload/Dateien/News/Pressespiegel/pdfs/95008_nutzbar-in-der-sparkassenpraxis.pdf, Abgerufen am: 02.02.2024.

NEUHAUS, DIRK (2022): Künstliche Intelligenz im Banking sinnvoll einsetzen, in: ZfgK, 75. Jg., Nr. 22, S. 1124–1126, URL: https://www.kreditwesen.de/kreditwesen/themenschwerpunkte/aufsaetze/kuenstliche-intelligenz-banking-sinnvoll-einsetzen-id84143.html, Abgerufen am: 23.03.2024.

NIST (2011): The NIST Definition of Cloud Computing – Recommendations of the National Institute of Standards and Technology, in: MELL, PETER/GRANCE, TIMOTHY (Hrsg.): Special Publication 800–145, S. 1–3, URL: https://www.govinfo.gov/content/pkg/GOVPUB-C13-74cdc274b1109a7e1ead7185dfec2ada/pdf/GOVPUB-C13-74cdc274b1109a7e1ead7185dfec2ada.pdf, Abgerufen am: 11.01.2024.

NOCKER, RUDOLF (2005): Digitale Kommunikationssysteme 2: Grundlagen der Vermittlungstechnik, Springer Vieweg, Abgerufen am: 16.11.2023, URL: https://doi.org/10.1007/978-3-322-89550-9, Abgerufen am: 15.11.2023.

OBERLE, SIMON/HEIN, HENRIETTE/LAHMANN, MATTHIAS (2016): Bankberatung der Zukunft – Die Chancen der Digitalisierung im Retail Banking nutzen, URL: https://www.soprasteria.de/docs/librariesprovider2/sopra-steria-de/publikationen/studien/bankberatung-der-zukunft-2016-austria.pdf?sfvrsn=527152dc_3, Abgerufen am: 25.02.2024.

OECD (2019): Die Zukunft der Arbeit – OECD – Beschäftigungsausblick 2019, URL: https://www.oecd.org/berlin/publikationen/employment-outlook-2019.htm, Abgerufen am: 14.10.2023.

PETRY, THORSTEN (2016): Digital Leadership – Erfolgreiches Führen in Zeiten der Digital Economy, Haufe Verlag, Freiburg.

POLANYI, KARL (1944): The great transformation – The political and economic origins of our time, Farrar & Rinehart, New York, NY, URL: https://inctpped.ie.ufrj.br/spiderweb/pdf_4/Great_Transformation.pdf, Abgerufen am: 25.01.2024.

PREUSS, PETER (2019): Blockchain-Technologie – Funktionsweise und ausgewählte Anwendungsbeispiele in der Finanzindustrie, in: SEIDEL, MARCEL (Hrsg.): Banking & Innovation 2018/2019 – Ideen und Erfolgskonzepte von Experten für die Praxis – Mit Sonderteil China, Springer Gabler, Wiesbaden, S. 69–84, URL: https://doi.org/10.1007/978-3-658-23041-8_4, Abgerufen am: 15.01.2024.

PwC (2019a): Künstliche Intelligenz in Unternehmen: Eine Befragung von 500 Entscheidern deutscher Unternehmen zum Status quo – mit Bewertungen und Handlungsoptionen von PwC, URL: https://www.pwc.de/de/digitale-transformation/kuenstliche-intelligenz/studie-kuenstliche-intelligenz-in-unternehmen.pdf, Abgerufen am: 12.03.2024.

PwC (2019b): Banken forcieren digitalen Wandel durch KI, URL: https://www.presseportal.de/pm/8664/4228923, Abgerufen am: 16.03.2024.

PwC (2020): How mature is AI adoption in financial services? A PwC Study across the DACH region, URL: https://www.pwc.de/de/future-of-finance/how-mature-is-ai-adoption-in-financial-services.pdf, Abgerufen am: 20.04.2024.

PwC (2023): Einblicke zur Künstlichen Intelligenz im deutschen Finanzsektor – PwC's deutschlandweite KI-Marktstudie im Finanzsektor September 2023, URL: https://www.pwc.de/de/content/a57625e7-4f1e-4cda-a79e-428db2c9ac24/pwc-studie-ki-im-deutschen-finanzsektor.pdf, Abgerufen am: 16.03.2024.

REIDEL, ULRICH (2017): Börsen, Zentralverwahrer und Clearer und ihre Rolle im Digital Banking, in: BRÜHL, VOLKER/DORSCHEL, JOACHIM (Hrsg.): Praxishandbuch Digital Banking, Springer Gabler, Wiesbaden, S. 141–159, URL: https://doi.org/10.1007/978-3-658-18890-0_7, Abgerufen am: 09.03.2024.

REINWALD, RONJA (2022): Die steuerliche Behandlung von Krypto-Assets, Springer Gabler, Wiesbaden, URL: https://doi.org/10.1007/978-3-658-39298-7_6, Abgerufen am: 15.01.2024.

REKHA, J. H./PARVATHI, R. (2015): Survey on Software Project risks and Big Data Analytics, in: Procedia Computer Science, Vol. 50, S. 295–300, URL: https://doi.org/10.1016/j.procs.2015.04.045, Abgerufen am: 10.01.2024.

RIEBLING, JAN R. (2022): Data Mining und maschinelles Lernen, in: BAUR, NINA/BLASIUS, JÖRG (Hrsg.): Handbuch Methoden der empirischen Sozialforschung, 3. Aufl., Springer VS, Wiesbaden, S. 1733–1743, URL: https://doi.org/10.1007/978-3-658-37985-8_122, Abgerufen am: 30.01.2024.

RONSDORF, JOHANNA (2020): Microsoft erklärt: Was ist Machine Learning? Definition & Funktionen von ML, URL: https://news.microsoft.com/de-de/microsoft-erklaert-was-ist-machine-learning-definition-funktionen-von-ml/, Abgerufen am: 28.02.2024.

ROTH, ARMIN (2016): Industrie 4.0 – Hype oder Revolution?, in: ROTH, ARMIN (Hrsg.): Einführung und Umsetzung von Industrie 4.0: Grundlagen, Vorgehensmodell und Use Cases aus der Praxis, Springer Gabler, Berlin, Heidelberg, S. 1–15, URL: https://doi.org/10.1007/978-3-662-48505-7_1, Abgerufen am: 24.01.2024.

SALAHDINE, FATIMA/HAN, TAO/ZHANG, NING (2023): 5G, 6G, and Beyond: Recent advances and future challenges, Annals of Telecommunications, Vol. 78, S. 525–549, URL: https://doi.org/10.1007/s12243-022-00938-3, Abgerufen am: 11.12.2023.

SARFERAZ, SIAR (2023): ERP-Software: Funktionalität und Konzepte: Basierend auf SAP S/4HANA, Springer Fachmedien, Wiesbaden, URL: https://link.springer.com/content/pdf/10.1007/978-3-658-40499-4.pdf, Abgerufen am: 20.11.2023.

SCHALLMO, DANIEL R.A. (2016): Jetzt digital transformieren – So gelingt die erfolgreiche Digitale Transformation Ihres Geschäftsmodells, Springer Fachmedien, Wiesbaden, URL: https://doi.org/10.1007/978-3-658-14569-9, Abgerufen am: 20.01.2024.

SCHALLMO, DANIEL R.A/RUSNJAK, ANDREAS (2021): Roadmap zur Digitalen Transformation von Geschäftsmodellen, in: SCHALLMO, DANIEL R.A/RUSNJAK, ANDREAS/ANZENGRUBER, JOHANNA/WERANI, THOMAS/LANG, KLAUS (Hrsg.): Digitale Transformation von Geschäftsmodellen – Grundlagen, Instrumente und Best Practices, 2. Aufl., Springer Gabler, Wiesbaden, S. 1–36, URL: https://link.springer.com/chapter/10.1007/978-3-658-31980-9_1, Abgerufen am: 20.01.2024.

SCHERK, JOHANNES et al. (2017): Künstliche Intelligenz – Artificial Intelligence, BMVIT, Bereich Innovation, URL: https://www.bmk.gv.at/dam/jcr:32e07784-1825-4441-880f-39b67cf8fc4b/kuenstliche_intelligenz.pdf, Abgerufen am: 20.04.2024.

SCHERMANN, MICHAEL et al. (2014): Big Data – Eine interdisziplinäre Chance für die Wirtschaftsinformatik, in: Wirtschaftsinformatik, Vol. 56, No. 5, S. 281–287, URL: https://doi.org/10.1007/s11576-014-0434-2, Abgerufen am: 03.01.2024.

SCHLENK, CASPAR TOBIAS (2020): Kreditech-Nachfolger: Die Hintergründe der Monedo-Insolvenz, URL: https://financefwd.com/de/monedo-insolvenz/, Abgerufen am: 29.03.2024.

SCHLOZ, BENJAMIN (2020): Künstliche Intelligenz im Finanzdienstleistungssektor: Evaluierung des Meinungsbildes von Privatkunden zu Robo-Advice, KCT Schriftenreihe der FOM, No. 5, MA Akademie Verlags- und Druck-Gesellschaft mbH, Essen, URL: https://www.econstor.eu/handle/10419/227138, Abgerufen am: 18.03.2024.

SCHMIDT, JÖRN/KLÜVER, CHRISTINA/KLÜVER, JÜRGEN (2010): Programmierung naturanaloger Verfahren – Soft Computing und verwandte Methoden, Vieweg + Teubner, URL: https://doi.org/10.1007/978-3-8348-9666-7, Abgerufen am: 09.02.2024.

SCHMIDT, DANIEL A. (2021): KI in Banken – Die Bank der Zukunft, in: KNAPPERTSBUSCH, INGA/GONDLACH, KAI (Hrsg.): Arbeitswelt und KI 2030: Herausforderungen und Strategien für die Arbeit von morgen, Springer Fachmedien, S. 183–190, URL: https://doi.org/10.1007/978-3-658-35779-5_19, Abgerufen am: 14.10.2023.

SCHNEIDER, KATHARINA (2019): Wie Künstliche Intelligenz das Banking effizienter gestalten kann, URL: https://www.handelsblatt.com/finanzen/banken-versicherungen/banken/serie-die-zukunft-der-finanzbranche-wie-kuenstliche-intelligenz-das-banking-effizienter-gestalten-kann/24922254.html, Abgerufen am: 25.03.2024.

SCHOLZ, JOHANNES (2019): Kryptowährungen-Zahlungsmittel, Spekulationsobjekt oder Nullum?: zivilrechtliche und aufsichtsrechtliche Einordnung sowie Bedürfnis und mögliche Ausgestaltung einer Regulierung, Institut für Wirtschaftsrecht, Forschungsstelle für Transnationales Wirtschaftsrecht, Juristische und Wirtschaftswissenschaftliche Fakultät der Martin-Luther-Universität Halle-Wittenberg, Heft 162, URL: https://opendata.uni-halle.de/bitstream/1981185920/80367/1/BeitraegeTWR_162.pdf, Abgerufen am: 16.01.2024.

SCHUSTER, HANNES/HASTENTEUFEL, JESSICA (2019): Die Bankenbranche im Wandel – Status Quo und aktuelle Herausforderungen, 2. Aufl., Nomos Verlagsgesellschaft, Baden-Baden.

SCHWARZ, CHRISTOPH (2019): Banken im Strukturwandel – von der Filiale zum Multikanalansatz, in: MUCHNA, CLAUS (Hrsg.): Aspekte des Innovations- und Changemanagements, Springer Gabler, Wiesbaden, S. 227–262, URL: https://doi.org/10.1007/978-3-658-22960-3_7, Abgerufen am: 22.02.2024.

SIEPMANN, DAVID (2016): Industrie 4.0 – Struktur und Historie, in: ROTH, ARMIN (Hrsg.): Einführung und Umsetzung von Industrie 4.0: Grundlagen, Vorgehensmodell und Use Cases aus der Praxis, S. 17- 34, URL: https://link.springer.com/content/pdf/10.1007/978-3-662-48505-7.pdf, Abgerufen am: 20.12.2023.

SIMON, HERBERT A. (1965): The shape of automation for men and management, Harper & Row, New York, S. 96, URL: https://ebin.pub/qdownload/the-shape-of-management-for-men-and-management.html, Abgerufen am: 07.02.2024.

SIXT, ELFRIEDE (2017): Bitcoins und andere dezentrale Transaktionssysteme: Blockchains als Basis einer Kryptoökonomie, Spinger Fachmedien, Wiesbaden, 2017, URL: https://doi.org/10.1007/978-3-658-02844-2, Abgerufen am: 14.01.2024.

STRIETZEL et al. (2017): Digitale Transformation im Banking – ein Überblick, in: BRÜHL, VOLKER/DORSCHEL, JOACHIM (Hrsg.): Praxishandbuch Digital Banking, Springer Gabler, Wiesbaden, S. 13–29, URL: https://doi.org/10.1007/978-3-658-18890-0_2, Abgerufen am: 06.03.2024.

STUMPERS, F.L. (1984): The History, development, and future of Telecommunications in Europe, in: IEEE Communications Magazine, Vol. 22, No. 5, S. 84–95, URL: https://ieeexplore.ieee.org/stamp/stamp.jsp?tp=&arnumber=1091944, Abgerufen am: 16.11.2023.

THE ECONOMIST (2017): The Internet of Things Business Index 2017, URL: https://impact.economist.com/perspectives/sites/default/files/EIU-ARM-IBM%20IoT%20Business%20Index%202017%20copy.pdf, Abgerufen am: 29.12.2023.

THOMECZEK, SEBASTIAN (2016): Echtzeitanforderungen an Virtual Reality Systeme – Interaktive Anwendungen mit 6 Freiheitsgraden, in: HALANG, WOLFGANG A./UNGER,

HERWIG (Hrsg.): Internet der Dinge – Echtzeit 2016, Springer Vieweg, Berlin, Heidelberg, S. 101- - 106, URL: https://doi.org/10.1007/978-3-662-53443-4, Abgerufen am: 20.01.2024.

TOMAK, KEREM (2019): Wie die Commerzbank aus Daten Produkte macht – Cloud als Key-Enabler für Künstliche Intelligenz, URL: https://www.der-bank-blog.de/commerzbank-daten-bankprodukte/digital-banking/37655791/, Abgerufen am: 30.03.2024.

TOONG, HOO- MIN D./GUPTA, AMAR (1982): Personal computers, in: Scientific American, Vol. 247, No. 6, S. 1–12, URL: https://dspace.mit.edu/bitstream/handle/1721.1/48857/personalcomputer00toon.pdf, Abgerufen am: 16.11.2023.

VERMA, ANKUSH/MANSURI, ASHIK HUSSAIN/JAIN, NEELESH (2016): Big data management processing with Hadoop MapReduce and spark technology: A comparison, IEEE, URL: https://ieeexplore.ieee.org/document/7570891, Abgerufen am: 07.01.2024.

VOGELSANG, MICHAEL (2010): Digitalization in Open Economies – Theory and Policy Implications, Physica-Verlag, Heidelberg, URL: https://doi.org/10.1007/978-3-7908-2392-9, Abgerufen am: 15.11.2023.

VOLK, MATTHIAS/STAEGEMANN, DANIEL/TUROWSKI, KLAUS (2020): Big Data, in: KOLLMANN, TOBIAS (Hrsg.): Handbuch Digitale Wirtschaft, Springer Gabler, Wiesbaden, S. 1037–1053, URL: https://doi.org/10.1007/978-3-658-17291-6_71, Abgerufen am: 05.01.2024.

VON AU, CORINNA (2021): Führungspersönlichkeiten im digitalen Zeitalter – Eine achtsam-reflektierte Haltung ist entscheidend, in: GERAMANIS, OLAF/HUTMACHER, STEFAN/WALSER, LUKAS (Hrsg.): Kooperation in der digitalen Arbeitswelt – Verlässliche Führung in Zeiten virtueller Kommunikation, Springer, S. 231–243, URL: https://doi.org/10.1007/978-3-658-34497-9_14, Abgerufen am: 16.10.2023.

WAGENER, ANDREAS (2023): Künstliche Intelligenz im Marketing, 2. Aufl., Haufe, München, URL: https://doi.org/10.34157/978-3-648-16959-9_2, Abgerufen am: 18.04.2024.

WANNHOFF, JÜRGEN (2018): Digitalisierung und Fintechs – das traditionelle Bankgeschäft im Wandel, in: BÖHNKE, WERNER/ROLFES, BERND (Hrsg.): Neue Erlösquellen oder Konsolidierung? – Geschäftsmodelle der Banken und Sparkassen auf dem Prüfstand, Springer Gabler, Wiesbaden, URL: https://doi.org/10.1007/978-3-658-18994-5_2, Abgerufen am: 20.02.2024.

WASCHBUSCH, GERD (2018): Home Bias, URL: https://www.gabler-banklexikon.de/definition/home-bias-99665/version-348666, Abgerufen am: 02.04.2024.

WASCHBUSCH, GERD/HASTENTEUFEL, JESSICA/REINSTÄDTLER, GABRIELA (2018): Fin-Techs – Schreckgespenster oder ernstzunehmende Konkurrenten? (Teil I), in: StB, Vol. 10/2018, S. 289–295.

WASCHBUSCH, GERD/BURR, JULIUS/KISZKA, SABRINA (2022): Blockchain in der Bankenbranche – Anwendungsfelder und regulatorische Herausforderungen, 1. Aufl., Nomos-Verlag, Baden-Baden.

WEBER, JÜRGEN (2018): SUNK COSTS, URL: https://wirtschaftslexikon.gabler.de/definition/sunk-costs-48834, Abgerufen am: 20.04.2024.

WEBER, MARC-ANDRÉ (2021): Nutzung der Digitalisierung zur Produktivitätsverbesserung in industriellen Prozessen unter Berücksichtigung arbeitswissenschaftlicher Anforderungen, ifaa-Edition, Springer Vieweg, URL: https://doi.org/10.1007/978-3-662-63131-7_4, Abgerufen am: 15.11.2023.

WENNKER, PHIL (2020): Künstliche Intelligenz in der Praxis -- Anwendung in Unternehmen und Branchen: KI wettbewerbs- und zukunftsorientiert einsetzen, Springer Gabler, URL: https://doi.org/10.1007/978-3-658-30480-5, Abgerufen am: 07.02.2024.

WERNING, ELLENA (2023): Virtual Reality in Softskill-Training und Coaching – Theoretische und praktische Einführung sowie Anwendungsbeispiele, Springer Gabler, Berlin, Heidelberg, URL: https://doi.org/10.1007/978-3-662-67893-0_2, Abgerufen am: 20.01.2024.

WIRMINGHAUS, NIKLAS (2020): Dieses Ende hat Kreditech nicht verdient, URL: https://financefwd.com/de/kreditech-monedo-insolvenz-kommentar/, Abgerufen am: 29.03.2024.

WIRTZ, BERND W./WEYERER, JAN C. (2019a): Künstliche Intelligenz: Erscheinungsformen, Nutzungspotenziale und Anwendungsbereiche, in: WiSt, Nr. 11/2019, S. 4–10, URL: https://rsw.beck.de/docs/librariesprovider75/default-document-library/beitrag-wirtz-weyerer-wist-10-2019.pdf?sfvrsn=37df7424_0, Abgerufen am: 01.10.2023.

WIRTZ, BERND W./WEYERER, JAN C. (2019b): Künstliche Intelligenz im öffentlichen Sektor, in: Verwaltung und Management, 25. Jg., Nr. 1, S. 37–44, URL: https://www.jstor.org/stable/26632037, Abgerufen am: 02.02.2024.

YANG, CHAOWEI et al. (2017): Big Data and cloud computing: innovation opportunities and challenges, in: International Journal of Digital Earth, 10. Jg., Nr. 1, S. 13–53, URL: https://www.tandfonline.com/doi/epdf/10.1080/17538947.2016.1239771?needAccess=true, Abgerufen am: 03.01.2024.

ZEMEN, THOMAS (2022): IT-Kolloquium 2022: 5G, 6G und die Zukunft des Mobilfunks, URL: https://www.ots.at/presseaussendung/OTS_20220518_OTS0023/it-kolloquium-2022-5g-neuer-standard-in-der-industrie-bild, Abgerufen am: 08.12.2023.

ZOBEL, BENEDIKT et al. (2018a): Augmented und Virtual Reality: Stand der Technik, Nutzenpotenziale und Einsatzgebiete, in: DE WITT, CLAUDIA/GLOERFELD, CHRISTINA (Hrsg.): Handbuch Mobile Learning, Springer VS, Wiesbaden, S. 123–140, URL: https://doi.org/10.1007/978-3-658-19123-8_7, Abgerufen am: 19.01.2024.

ZOBEL, BENEDIKT et al. (2018b): Augmented- und Virtual-Reality-Technologien zur Digitalisierung der Aus- und Weiterbildung – Überblick, Klassifikation und Vergleich, in: THOMAS, OLIVER/METZGER, DIRK/ NIEGEMANN, HELMUT (Hrsg.): Digitalisierung in der Aus- und Weiterbildung – Virtual und Augmented Reality für Industrie 4.0, Springer Gabler, Berlin, Heidelberg, S. 20–34, URL: https://doi.org/10.1007/978-3-662-56551-3_2, Abgerufen am: 19.01.2024.

Verzeichnis der Gesetze, Rechtsquellen und Verordnungen

VERORDNUNG (EU) 2016/679 des Europäischen Parlaments und des Rates vom 27. April 2016 zum Schutz natürlicher Personen bei der Verarbeitung personenbezogener Daten, zum freien Datenverkehr und zur Aufhebung der Richtlinie 95/46/EG (Datenschutz-Grundverordnung), Amtsblatt der Europäischen Union, L 119/1, 4. Mai 2016.

Kolibri 360 GmbH
Ferdinand-Jühlke-Straße 7
99095 Erfurt, Deutschland
produktsicherheit@kolibri360.de